Los misterios
del templo de Salomón

Josep M. Albaigès i Olivart

Los misterios del templo de Salomón

Historias, personajes e interpretaciones

A pesar de haber puesto el máximo cuidado en la redacción de esta obra, el autor o el editor no pueden en modo alguno responsabilizarse por las informaciones (fórmulas, recetas, técnicas, etc.) vertidas en el texto. Se aconseja, en el caso de problemas específicos —a menudo únicos— de cada lector en particular, que se consulte con una persona cualificada para obtener las informaciones más completas, más exactas y lo más actualizadas posible. EDITORIAL DE VECCHI, S. A. U.

Diseño gráfico de la cubierta: © YES.

Fotografía de la cubierta: © Charles Taylor/Fotolia.com.

© Editorial De Vecchi, S. A. 2018
© [2018] Confidential Concepts International Ltd., Ireland
Subsidiary company of Confidential Concepts Inc, USA
ISBN: 978-1-64461-058-9

Impreso bajo demanda gestionado por Bibliomanager

El Código Penal vigente dispone: «Será castigado con la pena de prisión de seis meses a dos años o de multa de seis a veinticuatro meses quien, con ánimo de lucro y en perjuicio de tercero, reproduzca, plagie, distribuya o comunique públicamente, en todo o en parte, una obra literaria, artística o científica, o su transformación, interpretación o ejecución artística fijada en cualquier tipo de soporte o comunicada a través de cualquier medio, sin la autorización de los titulares de los correspondientes derechos de propiedad intelectual o de sus cesionarios. La misma pena se impondrá a quien intencionadamente importe, exporte o almacene ejemplares de dichas obras o producciones o ejecuciones sin la referida autorización». (Artículo 270)

Para mi querida Eli, que lleva el nombre del huésped del Templo.

Introducción

Creemos no exagerar si decimos que España es el país en el que la realidad judía es más desconocida.

La información acerca de los judíos suele limitarse a saber que fueron los creadores de una religión de la que brotó el cristianismo, que vivieron en España en la Edad Media, que sufrieron una dura persecución durante la segunda guerra mundial (reprobada por todo el mundo), y que disponen hoy de un Estado moderno, Israel, visto con poca simpatía por nuestra prensa. Sin embargo, a la vez, son vistos como una realidad lejana e incluso huraña y esotérica. Una amiga judía que visitó España durante la Navidad se quedó maravillada al ver que entre los adornos luminosos de nuestras calles abundaban las estrellas de David. De ello dedujo que en nuestro país había una fuerte presencia judía y no daba crédito cuando le aclaré que aquel símbolo era aquí un adorno más, que los que lo ponían no tenían ni idea de que tuviera un significado especial para una parte importante de la humanidad.

Los judíos vivieron en España tras su expulsión de Jerusalén (no de Tierra Santa, como se dice a veces manteniendo uno de los muchos errores que hay que empezar a corregir). Se establecieron sobre todo entre los árabes, entre ellos los que vivían en Sefarad, nombre que daban a aquel confín alejado que era la Península Ibérica, hasta donde los había conducido su eterna huida de expulsiones y rechazos. Después de que en Sefarad la religión musulmana fuera desplazada por la cristiana, algunos de los nuevos reyes pudieron autoproclamarse «de las tres religiones» y crear las bases para una convivencia supuestamente pacífica y armoniosa, pero que, en realidad, nunca lo fue tanto como la historiografía posterior, gran creadora de mitos, ha pretendido. Sin embargo, todo ello terminó trágicamente en 1492, aquel año-charnela de nuestra historia, en que se ganó un mundo (el americano) pero se perdieron otros dos (el árabe y el judío).

Desde entonces España permaneció varios siglos sin presencia semita; sólo en el siglo XIX empezó algún tímido retorno de los hijos de Jerusalén. Sin embargo, siglos de desconexión, alimentados por una constante hostilidad de la religión cristiana hacia el pueblo judío, habían hecho germinar la semilla del desconocimiento que hoy se mantiene. No se produjeron en España los pogromos de la Rusia zarista ni mucho menos las matanzas nazis, al fin y al cabo mucho antes se había expulsado del país la presencia que generaría en esos escenarios tantos problemas e incomprensiones. Pero es, precisamente, el vacío histórico dejado por aquella expulsión el que sigue gravitando sobre nuestra cultura como un obstáculo que nos dificulta la comprensión global de la evolución de la humanidad.

Y si eso sucede con el pueblo de Moisés ¿qué puede suceder con su símbolo más importante, el Templo? El de Salomón, el que reconstruyeron Zorobabel y Herodes —un rey ciertamente con mala prensa entre los países cristianos—, es algo lejano, desconocido e incluso impertinente, pues el Templo es más que un edificio, es una idea que ha alentado a los judíos en su largo y solitario caminar apátrida, y que los países cristianos han absorbido, convenientemente adaptada, sin saberlo. ¿Qué son las catedrales medievales, esos elementos identificadores de nuestra propia cultura, sino un intento de plasmación de esa vivienda de Yahvé, la construcción de un lugar santo en la Tierra, de un punto de encuentro entre los dioses y los hombres? ¿Y las mezquitas musulmanas?, ¿no buscan igualmente ese encuentro por la vía de la entrega, la introspección y la oración?

Salomón, ese rey sabio, cosmopolita, astuto y sensual, dio a su pueblo —ya antiguo, pero recién construido políticamente— una dimensión unificadora con la creación de un Templo que sería para siempre el eje de su unidad de culto y le proporcionaría una dirección a la que mirar, la Ciudad Santa de Jerusalén erigida en ombligo del universo. No eran ciertamente nuevos los templos en el mundo antiguo, pero este supo capturar el espíritu e imaginación de un pueblo, quizá porque el modesto edificio iba más allá de unas sencillas piedras levantadas para la adoración de unos símbolos materiales y se convertía en el ardiente símbolo de una originalísima concepción divina, la del Dios único, invisible, irrepresentable e incluso de nombre impronunciable. El templo de Salomón no resistía la comparación con la majestad de las gigantescas creaciones egipcias o mesopotámicas ni la trascendencia artística conseguida por los griegos, pero mientras los nombres de Amón-Ra, Marduk o Zeus son, con el paso del tiempo, meros jalones históricos cuando no figuras olvidadas en el museo espiritual de la historia, el Dios solitario honrado en el Templo de Salomón sigue brillando, aun ausente el edificio primigenio, con un eterno poder espiritual.

Muchas culturas pueden presumir de haber levantado creaciones cuyos restos en piedra nos sobrecogen todavía hoy, pero muy pocas pueden hacerlo por elaboraciones espirituales que, plenamente vigentes, siguen alumbrando el camino de la humanidad. Entre esas culturas está la del pueblo judío y sus creaciones resumidas en el Templo que, desaparecido como edificio hace casi veinte siglos, sigue hoy constituyendo no sólo un eje espiritual plenamente vigente para el mantenimiento del judaísmo como espíritu y misión, sino que ha inspirado todas las creaciones de las religiones derivadas de este y como mínimo las del cristianismo y el islamismo.

Creemos cumplir un mero deber de justicia histórica divulgando el valor del edificio que más influencia ha ejercido en la historia de la humanidad. Deseamos dar a conocer no sólo el espíritu que lo impulsó, sino su contenido, es decir, la fuerza espiritual religiosa más profunda de la historia, y a la vez contribuir a la reparación de ese desconocimiento que el pueblo judío ha sufrido entre nosotros.

Por ello, los cuatro primeros capítulos de este libro, «El pueblo elegido», «El primer éxodo», «Los precedentes del Templo» y «David y sus sucesores», estarán dedicados a hablar de la aparición y formación del pueblo judío, y al nacimiento, en su seno, de esa convicción espiritual que le llevaría a conseguir sus logros más espectaculares. Analizaremos la constitución de la alianza con Yahvé *(berith)*, concepto fundamental simbolizado en las Tablas de la Ley. En especial, veremos con todo detalle en el capítulo «Los precedentes del Templo» la construcción del receptáculo de estas, el Arca de la Alianza *(Aron ha-brit)*, y la del primer «Templo desmontable», el Tabernáculo.

En esa realidad se inserta finalmente la edificación del Primer Templo, el de Salomón, que veremos en el capítulo «El pueblo judío hasta el Segundo Templo». Sólo habiendo seguido en su deambular y constitución las vicisitudes del pueblo elegido, formado en el sistemático nomadismo y en la convergencia hacia un objetivo simbolizado por la posesión de una tierra común no como mera residencia sino en virtud de promesa de Dios, podremos entender su enraizamiento en esa tierra y la construcción de un símbolo que la conectase con la divinidad.

La destrucción de ese Primer Templo por los babilonios sometió al país a una nueva prueba: el exilio del que volvió con ánimo renovado. Este espíritu fue el que impulsó la lucha contra las nuevas influencias políticas y culturales contrarias al culto de su Dios, y cristalizó finalmente en la construcción de un Segundo Templo, más fastuoso y maduro que el primero. Estudiaremos en el capítulo «Después de la hecatombe» esa nueva epopeya y su trágico final.

También este Templo fue destruido. Más aún, sobrevino un segundo exilio más duro que el primero, y a partir de este hecho catastrófico el caso único de un pueblo que aprendió a existir sin tener un territorio propio, pero que supo llevar su conciencia de tal a otras latitudes y posteriores periodos históricos. Transcurrieron los siglos y surgieron nuevas formas de entender el judaísmo entre otros pueblos y otras religiones, hasta que finalmente una nueva unidad política pudo formarse entre dificultades y muertes tras el genocidio más cruel que hayan visto los siglos, como veremos en los capítulos «La Edad Media» y «El nuevo Israel».

El capítulo «¿Dónde estuvo el Templo?» de la obra hace una descripción y formula una pregunta. Los judíos se han reorganizado y constituido un Estado moderno, y lo han hecho conscientes de que sólo una indomable fuerza de voluntad podrá evitar que sufran nuevas persecuciones, dispersiones y matanzas. No podrá entender la esencia del nuevo Estado de Israel quien no esté al corriente de la dura historia de un pueblo que ha vivido en una permanente diáspora, perseguido, humillado y expulsado de todas partes. Ese nuevo Templo planetario bajo el cual se agrupan ahora es, al fin y al cabo, una nueva oportunidad histórica. ¿Podrá sobrevivir el pueblo judío en los límites de un territorio estrecho, amurallado y acosado sin cesar?, ¿qué sentido tiene en él la conservación del nuevo Templo cuando ni siquiera la creencia en un Dios eterno es ya el nexo de unión entre el pueblo judío? Los interrogantes que se plantean de cara al futuro son los más intensos de su historia. Sólo en ese contexto es explicable su indomable afán de supervivencia.

La historia interviene, y sus hallazgos sorprenden a veces, para poner en claro cuánto hay de leyenda y cuánto de verdad en el Templo. Muchos se niegan a admitir esos hallazgos, pero no pasa nada porque ese triunfo de la ficción sobre la realidad se da en muchos campos.

La polémica está servida y será estudiada en el capítulo «¿Dónde estuvo el Templo?», en el que analizaremos la realidad sobre la verdadera existencia del Templo e incluso sobre algo tan aparentemente conocido como su verdadera ubicación.

La continua reflexión sobre el propio Templo, vivido más como un sentimiento que como un mero edificio material, ha inspirado nuevas concepciones sentidas en el seno de la cábala y en otros desarrollos religiosos que a lo largo de veinte siglos han ido surgiendo. Por ello analizaremos los contenidos y las palabras, y buscaremos las relaciones ocultas entre ellas; también en el seno de la gematría buscaremos las relaciones numerológicas y metrológicas que se han dado por establecidas para siempre en las concepciones primigenias. Dedicaremos el capítulo «El Templo y la cábala» a analizar la nueva visión del mundo a través de la idea religiosa de los judíos, y en el titulado «La Jerusalén celestial» profundizaremos sobre lo que quizá sea la versión eterna del Templo: la nueva Jerusalén, según las profecías, esa visión simbólico-alegórica de la auténtica refundación divina.

Completamos la obra, en el capítulo «El Templo más allá del mundo judío», con el análisis de los flecos sobre la situación actual de lo que queda del pueblo judío que va integrándose con esfuerzo en la nueva patria y constituyendo un eje vital en los Estados modernos de Israel y Estados Unidos, patrias donde por fin han sido acogidos sin reservas, pogromos, expulsiones o humillantes segregaciones.

Para arrojar un poco de luz sobre ese desconocimiento del pueblo judío, persistente y aun deliberado a menudo, del que hablábamos al principio, hemos creído, finalmente, que sería conveniente incluir unos apéndices sobre su historia, organización actual, fundamentos del saber cabalístico, metrológico y gemátrico, e incluso sobre la terminología hebrea que se maneja a veces con tanto desconocimiento como ligereza.

Dar algunas pistas para que el lector pueda discernir por sí mismo estos interrogantes resulta siempre útil, por ello no es tan importante responder a ciertas preguntas como formularlas correctamente.

Como autor quedaré satisfecho si los lectores se plantean los interrogantes correctos que merece el pueblo judío, su patria y la noción de su Templo.

Nota importante

Escribir un libro es también revolver en una biblioteca.

Pese la modesta pretensión de esta obra, la masa de datos consultados es de tal envergadura que incluirlos todos pudiera resultar enojoso y hasta molesto para el lector, además de contribuir a saturar el texto con continuas digresiones. Por ello, hemos preferido concentrar determinadas informaciones útiles en apéndices finales, cuya consulta, aunque sea con brevedad, recomendamos que el lector haga antes de emprender la lectura del libro o, si eso no le parece oportuno, al menos a medida que avance en la lectura.

Es importante conocer el contenido de estos apéndices para poder recurrir a ellos en el momento oportuno:

• **Apéndice 1. Referencias.** En el libro son continuas las alusiones a los textos bíblicos. Los diferentes textos son indicados, como es usual, mediante una abreviatura, por lo que unos y otras aparecen en ese apartado. Se complementa este texto fundamental con la bibliografía consultada más básica, a la que habría que añadir numerosas consultas puntuales en diversas enciclopedias y en internet.

• **Apéndice 2. Nociones de cábala y gematría.** Determinados aspectos del estudio del templo se insertan en los saberes ocultos de la cábala, y muchos cálculos numéricos requieren el uso de los métodos propios de la gematría. En este apartado el lector curioso podrá comprobar a fondo, si lo desea, los resultados presentados en el libro.

• **Apéndice 3. Simbología judía.** Como se ha adelantado, el mundo judío es poco conocido en España. Símbolos y conceptos básicos en esa cultura, desde la *Menorah* al *Kivot*, están aquí poco divulgados. Los relacionados directamente con el templo son incluidos a lo largo del texto, pero nos ha parecido oportuno redondear este conocimiento con un breve recorrido por los símbolos más utilizados en la actualidad.

• **Apéndice 4. La política en el Israel moderno.** Un país tan fragmentado políticamente como Israel provoca dificultades a la hora de interpretar su evolución política y social. Se incluyen unas breves nociones sobre los principales partidos e instituciones políticas.

- **Apéndice 5. Organizaciones en el conflicto árabe-israelí.** La información ofrecida en el apartado anterior sería incompleta si no citáramos las numerosas fuerzas, legales o no pero reales, que pugnan beligerantes en el actual Israel, y aun en todo el mundo, a causa de la recuperación de la tierra bíblica originaria. Se citan aquí las más importantes.

- **Apéndice 6. Vocabulario judío-sionista.** En muchas ocasiones se han citado en su lengua original algunos términos básicos de la sociedad judía, su culto y el templo con alusiones a su vida actual que aquí quedan aclarados.

- **Apéndice 7. El análisis arqueológico moderno.** Se hace en este último apartado una revisión de la relación entre los datos bíblicos y la realidad actual que no siempre son coincidentes. La lectura de este apéndice permitirá tener una visión actualizada y hasta cierto punto sorprendente sobre la interpretación actual de la Biblia.

Terminemos con una advertencia. Es difícil establecer un criterio uniforme a la hora de transcribir los nombres hebreos. En general hemos preferido adoptar las formas tradicionales consagradas por el uso, aunque nos hemos apartado de ellas cuando hemos creído que con ello éramos más fieles a la tradición mundial. Este es el caso de Adam (en lugar de Adán) y pocos más.

El pueblo elegido

Un especial concepto de Dios, forjador de un pueblo

La religión judía está basada en el respeto, veneración e incluso abandono[1] en los brazos del Ser que se reconoce como absolutamente superior. En la lejanía vital permanece un Dios distante, majestuoso y aun colérico a veces, atento a la salvación del hombre pero también a la menor transgresión de este, que al parecer le afecta profundamente. Yahvé tiene características intensamente humanas: si los dioses griegos tienen estructura y miembros corporales como las personas, el Dios judío es quizá todavía más antropomórfico al comportarse en muchos aspectos como un hombre apasionado: siente cólera, celos e incluso arrepentimiento. Castiga terriblemente a los que incumplen sus leyes, todas orientadas a un punto básico: la fidelidad incondicional, la obediencia ciega. El Dios judío quiere ser adorado y temido en todo momento; la expresión «temor de Dios», que el cristianismo recogió más tarde como una expresión figurada, es totalmente real para el judío, siempre atento a la menor contravención, por la que se arriesga a ser duramente castigado. Adam y Eva fueron expulsados del Paraíso por comer una fruta prohibida, con la que su Dios quiso demostrarles su capacidad de prohibir. Pentápolis fue arrasada por el fuego a causa del pecado de la homosexualidad, y la idolatría era sentida por Yahvé como el peor de los pecados, pues implicaba una infidelidad sacrílega para con Él.

---

1. Este concepto sería retomado con mayor intensidad por el islamismo. La palabra *islam* significa precisamente «sumisión».

Los demás pueblos elaboraron el concepto de la divinidad a partir de una progresiva abstracción de las fuerzas de la naturaleza, pero nunca llegaron a identificar la raíz de estas con la omnímoda voluntad de un ser personal. Los griegos creían que hasta los dioses estaban sometidos a la fuerza superior del Destino, pero el pueblo judío ha sentido desde el primer momento un ser superior por encima de todas las cosas; un ser invisible, hierático y absolutamente omnipotente. Su absoluto distanciamiento le lleva a rechazar cualquier representación de sí mismo porque sería mera idolatría: sólo se comunica con los hombres en lugares muy reservados, como el desierto o en la cima de un monte, e igualmente reservada debe ser su residencia en la Tierra. ¡Incluso su mismo nombre es, por respeto, impronunciable! Por ello, cuando los judíos buscaban en Dios el consuelo a sus tribulaciones, aludían a él indirectamente con partículas teóforas, como -*el*, -*iah* («aquel»). Recordemos la cantidad de nombres judíos con estas terminaciones: Isaías, Jeremías, Daniel, Ezequiel, Rafael, etc.

Y es que, en efecto, la relación del hombre con Dios no es de diálogo —este se produce solamente entre Dios y algunos elegidos, como los profetas, transmisores de sus deseos— sino de adoración, y viene presidida por el *berith*, concepto difícil de entender para los miembros de otras religiones, pero que en la judía se resumiría en la observancia de un conjunto de preceptos, fórmulas y actitudes a cambio de la protección de Dios al pueblo protegido. Este vínculo era tan intenso que, en virtud de él, los monarcas de Israel se sentían obligados a prohibir la incorporación de otros pueblos a sus dominios: en términos actuales, eso hubiera sido como aceptar una Constitución distinta de la suya. El fondo de la creencia hebraica puede sintetizarse en el concepto «Un Dios para un pueblo y un pueblo para un Dios».

La historia judía, vista como símbolo

Existe hoy un consenso muy extendido entre los historiadores: la parte de la historia del pueblo judío reflejada en la Biblia, hasta la institución de la monarquía, no es más que una «reconstrucción a posteriori», basada en la divinidad y los personajes heroicos, de la situación en el momento en que empezó el asentamiento definitivo de los judíos como reino. Filisteos, madianitas, moabitas y tantos otros pueblos, cuya procedencia es explicada por lo común mediante personajes epónimos, reflejaban el juego de fuerzas y enemistades vigentes en aquellos momentos y en aquel territorio que se justificaban mediante recursos a menudo novelescos de carácter mitológico. Se habla de faraones, sin citar jamás sus nombres, y de migraciones, sin dar nunca fechas. No es que esto deba sorprender desde el punto de vista histórico: los antiguos no tenían ese prurito geográfico, nominador y cronológico propio de hoy día. Pero sí resulta claro que la trama de las relaciones vigentes en aquellos momentos es presentada como una serie de acciones de tipo familiar, religioso y guerrero, como por otra parte es común en la historia de los pueblos primitivos, donde los grandes acontecimientos personales son el símbolo de movimientos poblacionales y acontecimientos de carácter global. Por ejemplo, el desplazamiento de Abraham y Sara correspondería más a la migración de un pueblo, y su paso por Canaán serviría para justificar los derechos de un posterior irredentismo sobre este territorio. Las filiaciones ilegítimas o irregulares (Ismael, Moab, Amón) no reflejarían más que el carácter pretendidamente subordinado de los pueblos a los que aquellos dieron origen: ismaelitas, moabitas, amonitas.

La creación

Yahvé es presentado en la Biblia como un Dios creador, alejado del hombre pero responsable de su existencia. De la nada crea el mundo, y como culminación de su obra pone a su frente a un hombre «hecho a su imagen y semejanza» (Gén 1,26) para gobernarlo. Pone en su creación humana grandes esperanzas que pronto quedarán defraudadas.

El soplo de Yahvé sobre el barro, materia inanimada pero moldeable, mediante el cual esta cobra vida, sugiere el paso de la vulgar materia a lo humano mediante la insuflación de alma, que es un reflejo de la vida de Yahvé. No falta quien, recogiendo la teoría evolucionista, compara este acto con la aparición del espíritu sobre la materia. El filme *2001: una odisea del espacio* recoge simbólicamente este momento materializado en la aparición del primer pensamiento en la mente humana —el tapir que cae fulminado— como consecuencia del contacto del mono más audaz de la horda con el monolito llegado de otros mundos.

A partir de este momento, Adam se aplica a una «segunda creación» y se ocupa de «dar nombre a las cosas» (Gén 2,20), es decir, extrayéndolas de su uniforme despersonalización para hacer de ellas un universo inteligible para el hombre, en una palabra, darles «existencia humana». Pero pronto empezó a manifestarse el carácter celoso y posesivo de Yahvé, que, sólo para dejar patente su autoridad, la manifestó mediante una prohibición en apariencia anodina: no comer determinado fruto, uno entre tantos del jardín del Paraíso. Aquí se manifiesta una cierta misoginia —es Eva la responsable última de la aparición del pecado— a la vez que aparece el concepto humano de transgresión-castigo. La expulsión del Paraíso es vista por la tradición judía como la pérdida irreparable de algo que debe ser recobrado a través de la historia humana, y que constituirá la idea motriz para la construcción de los sucesivos templos, vistos como el puente de comunicación con el Paraíso de Yahvé.

A través de episodios posteriores emergió la dualidad bien-mal personificada en Abel y Caín, los hijos de la pareja. Ambos realizaban sacrificios a Yahvé como medio para establecer que ese acto de sumisión y propiciamiento era consustancial al hombre, a la vez que definitorio de su debilidad congénita, siempre necesitada de buscar la protección de Dios, igual que un hijo solicita la del padre. La permanente minoría de edad humana se va definiendo a lo largo de la Biblia a través del acto del sacrificio, paradigmático reconocimiento de la majestad divina.

La rivalidad culminó en tragedia, y desde aquel momento la raza humana se multiplicó cumpliendo el mandato divino y aparecieron distintos pueblos: unos que decidieron vivir conforme a los deseos de Yahvé y otros que se comportaron contrariamente. Así se configuraron dos sociedades: la de Dios y la de los hombres.

Desde entonces la humanidad se desenvuelve siempre presidida por el signo del pecado, destino que se relaciona con el concepto oriental de la lucha eterna entre el Bien y el Mal, lo que perfila a Yahvé como el único garante de la «salvación». El Diluvio universal, mito eterno en esa región —sus primeros antecedentes conocidos se remontan al mito de Gilgamesh, muchos siglos anterior a las Escrituras—, fue la epopeya última que acabó con la iniquidad surgida como consecuencia del pecado original.

Pero de ella emergió el concepto básico de la religión judía: el *berith*, el pacto entre Dios y el hombre, bellamente simbolizado en el arco iris. Desde ese mismo momento el hombre reconoció su nadería e indefensión ante Dios, tanta que sólo la observancia de las condiciones que este impone le suponen una garantía de futuro. A partir de ese momento maduró el concepto de «pueblo elegido», no en virtud de mérito alguno sino por elección divina de un grupo determinado que soportaría la carga del cumplimiento de ese pacto, único valor que puede aducir como justificación de su papel selecto.

A partir de ese momento, la soberbia se perfiló como la raíz de todos los males. Su símbolo sería la torre de Babel, inspirada muy probablemente en el enorme zigurat inacabado de Babilonia, a la vista de los judíos en el exilio, cuando fue redactado el *Libro del Génesis*.

La historia judía se configuró como una eterna oposición entre la idolatría-politeísmo y la creencia en un Dios único que tardó siglos en imponerse.

Los patriarcas

La primera parte del Génesis se limita a recoger el origen del mundo y del hombre como creaciones divinas. Israel comienza a perfilarse como pueblo cuando el patriarca Abraham emigra desde Ur, lejana ciudad caldea, hasta algún área del Creciente fértil[2] y Egipto. Su epopeya es sin duda una concurrencia de diversas tradiciones, en las que abundan episodios repetidos, viajes inverosímiles y extraños incidentes (quizás hoy día el más chocante para nuestro espíritu sea el ofrecimiento de su propia mujer al faraón). En el fondo, esta aventura remarca el carácter nómada del clan abrahámico, establecido aquí y allá en función de la necesidad de disponer de pastos.

El personaje Abraham, probablemente símbolo de una época, es fundamental para comprender al pueblo judío. Su emigración desde la decadente Ur, la ciudad caldea, constituye un símbolo del nomadismo del pueblo hebreo durante siglos. Sin embargo, este andar errante adquiere un fuerte sentido en cuanto se determina que obedece a una llamada de Dios, quien le cambió

---

2. Zona fértil, en contraste con los desiertos o montes que la limitan, que abarca desde Mesopotamia hasta la fachada mediterránea de Palestina. Es llamada así por su forma arqueada, a modo de media luna.

el nombre acadio de Abram («hombre noble») por el hebreo de Abraham («padre de multitudes»), prefigurándolo como el origen de un gran pueblo. Abraham fue un gran pastor de rebaños e incluso un avezado guerrero capaz de rescatar a su sobrino Lot de las manos de unos invasores (Gén 14,15), pero más fundamental es el hecho del refrendo de la alianza entre Yahvé y Abraham, que representa al pueblo que en él se originará: la divinidad protege a la descendencia del patriarca y la considerará su pueblo elegido, pero esta debe obedecer sus mandatos y, sobre todo, no desviarse nunca del culto al verdadero y único Dios mediante prácticas idólatras.

Hay un segundo hecho fundamental: la tierra de Israel *(Eretz)* le fue prometida por Dios a Abraham. Desde ese momento, el arraigo en esa tierra no procede de ningún derecho de conquista, sino del hecho de ser una donación del mismo Dios. Así, el establecimiento en las tierras de Canaán de las tribus procedentes de Egipto, siglos más tarde (simbolizados en la gran longevidad de los patriarcas), no es más que la legítima ocupación de un patrimonio que por derecho le pertenecía al pueblo. No es muy distinto este hecho de cualquier irredentismo, pero en este caso no quedó legitimado por la historia, sino por el mismo Dios, que llamó a laminar el calidoscopio étnico cananeo anterior mediante la aplicación de la religión común.

Más símbolos emergen de la descendencia de Abraham. Su sierva Hagar dio a luz a un hijo, Ismael, epónimo de los futuros ismaelitas o agarenos: quedó así remarcado que estos, los árabes, tienen un origen inferior a los descendientes del hijo legítimo, Isaac, y están llamados a desempeñar, por tanto, un papel secundario en sus interrelaciones. Los hijos de la primera esposa o de las concubinas marcan siempre, en la Biblia, los personajes epónimos de pueblos superiores o inferiores.

Así fue configurándose la futura sociedad israelita atendiendo a determinados rasgos y costumbres: los sacrificios, la adopción del calendario lunar, la circuncisión... eran, en realidad, muchas de ellas prácticas ya vigentes desde mucho antes en las sociedades vecinas, hoy desaparecidas entre ellas pero conservadas tenazmente entre los israelitas. De capital importancia como prenda del *berith* es el *qorban* («sacrificio»), señal material de la unión con Yahvé. Con Isaac, es decir, el hijo de Abraham, se ejemplificó la fidelidad absoluta con su Dios, más allá de cualquier límite, en el conocido episodio de su sacrificio, que el ángel detuvo en el último momento. En realidad, de ahí arrancó un rasgo muy presente en la mentalidad judía: por una parte, el *qorban* debe ser perfecto como exige el contrato con la divinidad; por otra, quedan prohibidos los sacrificios humanos, propios de otros pueblos a los que combatieron siempre los judíos.

De ese episodio nació también una fijación territorial: el hecho, según la leyenda, se produjo en la cima del monte Moriah, en el que siglos más tarde fue edificado el templo de Salomón, y que aún hoy es capaz de desempeñar episodios bélicos por su carácter de sagrado para ambas religiones.[3]

A partir de los hijos de Isaac, Esaú y Jacob, se configuraron dos sociedades: la que hoy llamamos primaria, dedicada a conseguir los frutos contando con la generosidad de la tierra, y la terciaria —la de Jacob—, más propensa a obtener sus medios de vida mediante la gestión y la maniobra. El episodio en el que Jacob se aprovechó de su hermano induciéndole a vender sus derechos de primogenitura a cambio de un plato de lentejas ha constituido siempre un enigma para las sociedades posteriores, que no saben si ver en ese acto algún designio oculto de Yahvé o simplemente un ejemplo de extorsión. En todo caso, el cambalache culminó con la ayuda de Sara, madre de ambos, que favoreció a Jacob engañando a su anciano y ciego padre para que la bendición de este recayera sobre su hijo predilecto. Todo ello, risible en la sociedad actual, refleja una constante en la cultura judía: un hecho queda establecido en cuanto han sido perfeccionadas determinadas fórmulas externas establecidas. Este concepto fue incorporado a otras sociedades, como la fenicia o la romana, y de ellas pasó al espíritu de nuestras leyes, impregnadas de situaciones definidas externamente. El consiguiente entramado de disposiciones reflejó el espíritu pactista de los judíos, aplicado entre su propia comunidad y con el mismo Yahvé.

La historia de Esaú y Jacob simboliza los esfuerzos para configurar una realidad distinta de la que resultaría de la mera aplicación de las leyes. Esaú es el primogénito, pero también es el «malo». En el relato todo predispone contra él y contrapone su comportamiento rudo y desconfiado al hecho milagroso del sueño de Jacob, en el que este se comunicaba directamente con

---

3. En tiempos recientes no hay más que recordar la *Intifada* de 1999, que comenzó después de la visita a ese lugar del primer ministro Ariel Sharon. De todos modos, es muy improbable que esta tradición sea cierta, pues incluso en tiempos abrahámicos Jerusalén estaba ya habitada.

Yahvé. En efecto, mientras huía de las iras de su hermano soñaba con una escalera que lo conducía hasta el cielo por la que ascendían y descendían ángeles, tema quizás inspirado en el zigurat babilónico. El lugar fue identificado más adelante con Bethel, donde se construyó un santuario, o incluso con el mismo monte Moriah ya citado.[4] El sueño de la escalera es complementado más adelante con la lucha con un enviado de Dios que no pudo vencerle. A partir de este hecho, Jacob vio trocado su nombre en Israel y pasó a ser desde entonces el padre epónimo de la raza judía o israelita. No olvidemos que *izrael* significa «fuerza de Dios», pues ha sido capaz de librar un combate con la divinidad (simbolizada en un ángel) y resistirla: «No te llamarás en adelante Jacob, sino Israel, pues has luchado con Dios y con hombres y has vencido» (Gén 32,29). Esta extraordinaria hazaña le confiere el valor suficiente para ser erigido en padre de los israelitas.

Jacob también se vio sometido a la perversidad de Labán, que le estafó sin escrúpulos tras siete años de servidumbre al darle a Lía, la hermana mayor solterona, en vez de Raquel, la mujer pactada previamente; aparece así por primera vez el mito de la mujer objeto de trueque, que con tanta frecuencia se prodigará en la historia. Pero el episodio más significativo de la vida de este patriarca es la filiación de sus doce hijos, con la que se quiere eponimizar las doce tribus de Israel, dotarlas de respetabilidad histórica y orientarlas hacia la alianza.

Si este es el tema central, se desarrolla, en todo caso, con importantes matices. Los hermanos, de cuatro madres distintas, reflejan en su procedencia la categoría de cada uno: los cuatro primeros, además del noveno y el décimo, proceden de la segunda mujer, Lía. Del quinto al octavo son hijos de dos esclavas; claro signo de inferioridad, como ocurriera antes con Hagar y su hijo Ismael. Sólo el undécimo (José) y el duodécimo (Benjamín) proceden de la mujer legítima y predilecta, Raquel: no cabe duda de que estaban destinados a dominar a las otras tribus, como confirma la estrambótica historia de José, casto consumado, interpretador de sueños y primer ministro egipcio, con el que se justifica la ancestral presencia del pueblo judío en esas latitudes.

A partir de ahí empiezan a disiparse las brumas históricas: los descendientes en Egipto de los doce hermanos se hacen tan numerosos que deben

---

4. Hay en este punto dudas razonables sobre la verosimilitud del lugar.

emigrar ante la persecución de que son objeto en su tierra de adopción: la egipcia. Una vez más surge esa constante social que es la alarma de los autóctonos frente a las minorías que crecen y prosperan demasiado; se inicia así el dilema eterno en el que se desenvolverá el pueblo judío. Parece, no obstante, que en este recelo jugaron otros factores, como, por ejemplo, las tropelías que otros pueblos, también semitas pero extranjeros, cometían contra las caravanas egipcias, que culminarían incluso con rechazados intentos de invasión. Sin duda los egipcios debieron acabar sintiendo que tenían «al enemigo en casa», y obraron en consecuencia.

En efecto, la crítica histórica moderna, pasando por encima de bellas y patrióticas reconstrucciones posteriores, se pregunta si en realidad los israelitas no serían unos aliados, quizás unos mercenarios contratados para defender las fronteras de Egipto; es decir, no meros pastores sino avezados soldados, como demostrarían los hechos posteriores, o sea, la conquista de una tierra extranjera y desconocida: Canaán.

El éxodo de Egipto

El éxodo del pueblo judío desde Egipto hasta la tierra prometida constituye la gran epopeya bíblica, vista como un precedente de otros éxodos posteriores.

El artífice de la liberación del pueblo judío fue Moisés, quien probablemente era, si no un príncipe, un egipcio acomodado (*mos* es nombre egipcio que significa «hijo») a quien se pretende legitimar como judío gracias a la bella leyenda de su nacimiento de una mujer de ese pueblo y la adopción por las hijas del faraón al ser abandonado en la cestita en el río Nilo.[5]

Moisés es el personaje principal de la mitología egipcia, el conductor del pueblo y el forjador de la identidad nacional a través de las adversidades. Yahvé le presta su apoyo en todo momento, para lo que doblega la voluntad del faraón egipcio —el llamado «faraón de la opresión»— mediante las diez horrendas plagas, aquí concentradas, que inflige a su pueblo, reflejo sin duda de acontecimientos vividos por los habitantes del Nilo en su historia —lan-

---

5. Este mito se halla presente en otras culturas orientales; así, el mismo rey Sargón de Acad, mil años anterior, está adornado con una leyenda idéntica.

gostas, barro, tábanos, pestilencia—; incluso la última, la muerte de los primogénitos, es un oportuno medio de explicar el origen de la Pascua («pasar de largo», en alusión al Ángel Exterminador que evita las casas de los judíos) y su ceremonial.

De paso, la finalmente permitida huida de los israelitas plantea un interesante enigma histórico. ¿Quién fue el «faraón de la opresión»? Algunos apuntan a Ramsés II, el Grande (1290-1223 a. de C.), el conjurador de la amenaza de los «pueblos del mar», otros a Amés (1587-1562 a. de C.), y aún otros incluso a Akenatón (1353-1338 a. de C.). Esta misma discrepancia de fechas indica la desorientación de los historiadores, forzados a encajar lo que posiblemente no fue más que un hecho legendario o al menos inexacto; algunos historiadores han sugerido que sólo las tribus de José, Manasés y Efraím habrían sido esclavizadas en Egipto y que tras salir de ese país se habrían aliado con las restantes, ya autóctonas de Canaán.

Sigue luego la epopeya del anegamiento de las hordas egipcias perseguidoras cuando el faraón, finalmente arrepentido, corría para someter de nuevo a los israelitas. El hecho puede reflejar simplemente el flujo y reflujo de la marea del mar Rojo en zonas menos profundas (hoy ocultas por el canal de Suez), en cuyo barro se encallarían los temibles carros de guerra egipcios, hábilmente atraídos hacia este paraje por el astuto Moisés, conocedor del área por sus anteriores estancias allí. En todo caso, ese acontecimiento podría haber sido el inicio de un divorcio que duraría siglos entre los judíos y los egipcios, aunque es preciso matizar que ese dato ha sido desmentido por la historia, ya que se ha comprobado la existencia de pueblos semitas en Egipto en fechas muy posteriores.

Quizá Moisés es la figura más importante del judaísmo, el iniciador de la Escritura Sagrada según la tradición. Su majestad aumenta al ser representado a menudo con cuernos, aunque al parecer esto se debe a la incorrecta traducción de la palabra griega *krn-*, que puede significar «resplandecer» o «salir cuernos». Sin aducir mérito por su parte fue preferido por Dios como su «vaso de elección», su avanzada sobre la Tierra. Verdadero padre de la patria, transformó a un pueblo errante en una comunidad consciente de su singular destino, aunque no siempre lo aceptó de buena gana. La conciencia de ese destino se transmitió primero a través de la *Mishná* («repetición»), y finalmente fue plasmada en papel en sucesivas etapas, conformándose en la llamada *Tanaká*, obra de singular trascendencia, pues, con otros complementos, pasó también a ser texto sagrado en otras religiones... por ejemplo, lo que los cristianos llaman el Antiguo Testamento, nombre ingrato para un judío, que no concibe más Biblia que la suya.

La protección que Yahvé ofrece a su pueblo a lo largo de la larguísima travesía del desierto del Sinaí es constante. Lo guía primero con columnas de humo o de fuego (Éx 13,21-22), aniquila a sus enemigos en el mar Rojo (Éx 14,23), lo provee de alimento con el maná (Núm 11,6), le da agua en la roca de Horeb (Éx 17,5-7) y culmina finalmente su relación protectora mediante la entrevista del profeta con el mismísimo Dios en el monte Sinaí, un lugar remoto e inhóspito situado al sur de la península del mismo nombre, dudoso para muchos historiadores. Por encargo de su Dios, Moisés permaneció ayunando allí cuarenta días y cuarenta noches, al cabo de los cuales escribió los «diez mandamientos» (Éx 34,28), que según el Dt 4,13; 10,4 escribió el mismo Dios.

Con estos mandamientos se perfecciona la Alianza *(berith)*, se hace objetiva, por así decirlo, desde el momento en que son grabados en unas tablas de piedra. Las piedras son símbolo de eternidad, por tanto también lo son las leyes escritas en ellas. Y la primera es «Yo soy el Señor tu Dios», en exclusiva y sin ningún tipo de atenuación. El rechazo de la idolatría, que a nosotros nos parece obsesivo, es en realidad el principio básico promulgado por Yahvé que se cierne no sólo a una exclusividad en el sentimiento religioso de su pueblo, sino a la conservación de la propia identidad de este, que debía rehuir las costumbres de otros porque podían poner en peligro su forma de ser.

¿Cuáles son los mandamientos? Su redacción ha sido simplificada con el tiempo, pero la Biblia la registra en dos lugares (Éx 20,1-17 y Dt 5,6-21). La primera, ligeramente simplificada, es la siguiente:

3. No tendrás otro dios ante mí.
4-6. No te fabricarás escultura ni imagen alguna para postrarte ante ella.
7. No proferirás en vano el nombre de Yahvé, tu Dios.
8-11. Guarda del sábado para santificarlo.
12. Honra a tu padre y a tu madre.
13. No matarás.
14. No cometerás adulterio.
15. No hurtarás.

20. No atestiguarás en falso contra tu prójimo.

21. No apetecerás la casa de tu prójimo; no codiciarás a su mujer ni su campo, su siervo, su sierva, su toro o su asno ni nada de lo que pertenezca a tu prójimo.

El hecho de llamar «diez leyes» (o Decálogo según los padres cristianos) a estos preceptos impulsó a los autores cristianos a redactarlos de nuevo en la forma en que son habitualmente conocidos en el cristianismo. Este documento es el que se considera que da nacimiento a la forma escrita del *berith* entre Dios y el pueblo elegido. Es difícil describir su importancia.

Sin embargo, la «dura cerviz» del pueblo elegido cayó una y otra vez en las prácticas idolátricas. Al regreso de Moisés del monte Sinaí ya constató una grave desviación de su pueblo, que se había dedicado en su ausencia a adorar al becerro de oro, quizás una reacción contra el cordero pascual en clave idólatra, quizás un mero querubín,[6] si es que este era un toro alado. Esto provocó una violenta reacción del profeta, erigido en ejecutor de la justicia divina, enojada por la ingratitud de su pueblo. La idolatría no es un pecado menor: se castiga con la muerte, y esta pena capital será aplicada a tres mil hombres (Éx 32,18).

Una última pregunta: ¿qué hacían los israelitas en el monte Sinaí, en el extremo sur de la península del mismo nombre, alejados de las rutas que unían Egipto con la ansiada tierra cananea? Todavía no hay respuesta, pero cabría conjeturar que hasta allí habían acudido intentando zafarse de la persecución faraónica. Este carácter de fugitivos es el que marcará su historia posterior, el que los empujará con afán hacia la conquista de una «casa» que por tradición o justificación pudieran considerar suya.

En todo caso, los terribles cuarenta años de marcha por el desierto habían curtido suficientemente a los israelitas como para prepararlos para la conquista de Canaán, la tierra prometida por Yahvé. En cumplimiento de la profecía, Moisés sólo pudo divisar esta futura patria desde la cima del monte Nebo antes de morir; la conquista del hogar del pueblo elegido empezaría tras su muerte.

---

6. Véase más adelante la descripción de querubín.

El primer éxodo

El nomadismo en el desierto

Desde el monte Sinaí hasta la tierra prometida hay unos pocos kilómetros, pero el pueblo elegido tardó en recorrer esa distancia nada menos que cuarenta años. La epopeya de esta peregrinación aparece relatada en el *Libro del Éxodo*, cuyos episodios reflejan la desesperación y la falta de fe del pueblo judío ante las dificultades de la travesía pese a la continua atención de Yahvé, que les exige, como pago, atención permanente y les castiga duramente cuando este falta. Desde los lejanos tiempos de Abraham se va configurando durante ese largo periodo de nomadismo la fe en la tierra prometida, y la Escritura representa la formación del sentido de propiedad del pueblo elegido hacia ese regalo divino como meta final. Pero para ser digno de él fue precisa una larga espera en la que Israel superó, a través del arrepentimiento, sus pecados y su ingratitud, y mereció la titularidad eterna de ese hogar.

De hecho, ya en las etapas de su largo recorrido surgió de una forma nebulosa una primera idea sobre la necesidad de disponer de un templo para albergar las Tablas de la Ley, testimonio del *berith*. Pero ¿qué templo podía concebir un pueblo nómada, para el que un edificio de piedra significaba la fijación a un lugar? El tema merece un análisis adecuado.

Significado del templo

En la soledad del desierto, perdidos y entregados a la voluntad divina, surgió la idea de reemplazar algún día esos espacios abiertos por un lugar hecho a la medida humana y apropiado para Dios. El templo sería, cuando llegara, mucho más que un mero edificio sagrado de los judíos. Siglos de permanencia primero, y muchos más siglos de ausencia después, forjarían de manera indeleble el espíritu del pueblo errante, que interpretaría su estancia en la tierra prometida como la de un rebaño en su aprisco bajo la protección de su pastor divino.

Todas las religiones han creado la figura del templo, aunque varía de unas a otras la manera de concebirlo. Para unas, como el cristianismo, es el lugar de la reunión de los fieles, para otras el de la realización de las funciones sagradas; otras aun ven en él el lugar reservado al alto clero. Pero estos detalles son accesorios, porque en general el templo es considerado ante todo como la casa de Dios. En el de Salomón (*hekhal Yahweh*, «palacio de Yahvé») cobraría sentido el simbolismo del pueblo afincado en su tierra, que ofrecía así a su Dios un obsequio digno de Él.

Es común que la forma del templo sea escalonada, que apunte hacia el cielo en un intento de fundirse con la divinidad. Escalonado quiso ser el de Babel, el primero construido según la Biblia, con el que los impíos deseaban alcanzar el cielo para tomarlo por la fuerza y escapar a las leyes de Dios que habían producido una catástrofe como el Diluvio. El zigurat babilónico, igualmente escalonado, era llamado *E-temen-anki*, «la fusión del cielo y la Tierra». En esa búsqueda divina, los egipcios del tercer milenio a. de C. llegaron a definir el máximo grado de abstracción: la pirámide.

Por ello, el lugar del asentamiento del templo, como eje de comunicación con el mundo divino, es considerado siempre como el omblibo del mundo, el centro desde el que irradió el poder creador del universo. El templo es llamado a menudo «la montaña cósmica», el punto donde los hombres ascienden y los dioses descienden. Al proyectarlo y construirlo se prevé su orientación, generalmente hacia el sol naciente, símbolo del poder divino vivificador, y es asentado sobre una roca firme que recuerde la duración que se le quiere otorgar. A lo largo de la historia el templo perfecciona y pule su forma, siempre elevando más su cúspide hacia el cielo en busca de esa convergencia entre Dios y hombre.

En esa concepción se halla la primera originalidad del templo concebido a la manera judía: para sus sacerdotes Dios no podía rebajarse a estar en ningún lado que no fuera el propio cielo, y mucho menos en un lugar profanado por el pecado como la Tierra. La religión judía se caracteriza en todo momento por el distanciamiento reverente con Yahvé, ese ser tan alejado del hombre, altivo y solitario, que a lo más que accede es a celebrar pactos en los que impone las condiciones unilateralmente. El cristianismo aportaría, con el paso del tiempo, una originalidad básica: postular un Dios que sí que se interesa por el hombre, más aún, que lo ama y lo redime.

Esto no vale para el altisonante Yahvé judío, que no puede vivir en ningún lado; su nombre sólo puede ser albergado en un templo. Así, el templo judío es como un sagrado cuarto de invitados, vacío y reservado a Dios, a un Dios supremo, cuyo nombre resulta tan alejado y respetuoso que deviene él mismo impronunciable. Jehová, el nombre con el que es conocido a veces, procede de la pronunciación del tetragrámaton YHWH con las vocales de *Adony*, «Señor».

El templo judío presenta como tema básico director de su arquitectura esa concepción alejada de Yahvé. En su interior se crean espacios concéntricos que conducen hacia el centro sagrado, de forma que el grado de santidad aumente y con él el temor del fiel a medida que se aproxima al terreno de la divinidad, al mismo centro o Sanctasanctórum, en el que sólo pueden penetrar los más elevados sacerdotes; ni siquiera el rey, cuando exista esa autoridad civil, debe tener entrada en ese reducto de la inmortalidad y de la santidad. El acceso al lugar supremo debe estar jalonado de obstáculos: patios, pantallas, puertas, velos y otros elementos separadores que contribuyan a aumentar el sentido reverencial del visitante.

El sacrificio

El elemento central del acto comunicativo externo del hombre con Dios es el sacrificio. La palabra en hebreo del Antiguo Testamento para referirse a la expiación es *kapar*, que significa «expiar por medio de un sustituto». En algunas religiones el templo es el lugar creado para celebrar el sacrificio, la suprema ofrenda del hombre, pero en el judío no: el *qorban* se celebra en el patio exterior para que nada turbe la absoluta tranquilidad de la morada de Yahvé.

Las ceremonias judías están cargadas de símbolos y ritos hasta en los menores detalles. No era aceptable cualquier sacrificio, sino sólo el del animal designado por la ley, usualmente un cordero. En el acto, el elemento básico no es tanto la muerte del animal como el rociado de su sangre, que simboliza el vertido de la propia como redención de la culpa. La expiación era, en verdad, la idea central en torno a la cual se articulaba todo lo relativo al sistema de culto del templo; según la ley ceremonial, los sacrificios de animales eran el vehículo para obtener el perdón según el viejo pacto, y su puesta en práctica estaba cargada de normas y ceremonial litúrgico.

Era importante el ceremonial: la persona oferente ponía su mano sobre la cabeza del animal mientras era sacrificado, lo que significaba la transferencia del pecado humano al sustituto, el cual sufriría el juicio de Dios en lugar del pecador. En el cristianismo, estos sacrificios prefigurarían la muerte de Cristo: «El Cordero de Dios que quita el pecado del mundo» y por tanto serían considerados provisionales hasta su venida.

Canaán

Canaán era la parte del llamado Creciente fértil contigua al mar Mediterráneo, cuyos límites podrían fijarse en el monte Hermón por el norte, el río Jordán y mar Muerto por el sur y el este respectivamente, y el Mediterráneo por el oeste. En el momento de la llegada de los israelitas era un enclave fértil, y esta circunstancia, unida a su situación, cerca de las rutas que iban de Asia a África, lo hacían propicio a las invasiones. Sus ciudades más florecientes eran Tolemaida, que es hoy Jerusalén, además de Nazaret, Gaza y Jericó, esta última considerada como la más antigua del mundo (y la más baja topográficamente, por hallarse situada en la depresión geológica que tiene como fondo el mar Muerto, lugar de desagüe de todo el país).

Su carácter feraz hizo que fuera codiciada y poblada desde los tiempos más antiguos. Fue considerada como el objetivo, la tierra prometida de los judíos, que justificarían su derecho a poseerla por la lejana entrega hecha por el mismo Yahvé a Abraham. La larga travesía por el desierto es vista como una simple preparación para lograr la conquista que ocuparía los siglos siguientes a su llegada. La versión idealizada de la lucha con sus habitantes, especialmente los filisteos, constituye el tema central del *Libro de Josué*.

Con la llegada israelita, la guerra estaba servida. Los canaanitas ya estaban habituados a tener que defender su tierra por la atracción que había ejercido siempre sobre gentes procedentes de países más pobres. Sin embargo, estos nuevos invasores demostraron ser los más temibles, y según la narración de la Biblia se aplicaron a su conquista desde el mismo momento en que pusieron el pie en ella, con toda la fuerza que da la sensación de legitimidad que les proporcionaba el convencimiento de que era la tierra prometida por Yahvé a Abraham.

¿Qué hay de cierto y de épico en ese proceso de la conquista? La historia comparada y la arqueología han matizado las idílicas historias sobre el asentamiento israelita en el lugar. Hay evidencias del asentamiento judío en la tierra de Canaán desde mucho antes de la mítica huida de Egipto, lo que lleva a pensar que los nombres de las tribus reflejan algunos antiguos lazos entre los territorios que componían la comunidad israelita, aunque no cabe duda de que, al menos en esos tiempos primitivos, la geografía determinó más que la genealogía las identidades tribales.

Se trata de un periodo confuso lleno de leyendas y combates, pero parece que esos pueblos primitivos (entre ellos muchos israelitas) se establecieron primero en las zonas pobres montañosas, hasta que pronto intentaron descender al llano, ya ocupado, donde tropezaron con los filisteos. Y estos a su vez ¿de dónde procedían?

No cabe duda de que su asentamiento era muy anterior, como lo prueba el hecho de que ocuparan las tierras más fértiles, de las que nunca serían completamente desalojados. Han sido identificados con los antiguos «pueblos del mar», repetidamente citados por los egipcios, que sufrieron sus invasiones hasta el faraón Ramsés III (1198-1166 a. de C.) los derrotó en una violenta batalla marítima, tras la cual se establecieron en la zona costera de Palestina, a la que dieron su nombre *(philistim)*. Pronto ampliaron su zona de influencia hacia el interior de Canaán hasta producirse el consiguiente choque con los israelitas, establecidos allí desde antes. Este fue en realidad el punto de partida de la epopeya bíblica. En esa lucha los filisteos llevaron inicialmente ventaja porque dominaban la industria del hierro (I Sam 13,19-22), que no conocían todavía los pueblos del interior, más aislados. En todo caso, las luchas entre ambos pueblos llenan capítulos enteros de la Biblia, en los que se recurre a menudo a episodios heroicos o a héroes destacados, como

Sansón, Gedeón o Débora, para ilustrar esta gran epopeya de afirmación nacional, generadora de duras batallas, avances y retrocesos. Leyendo entre líneas, puede captarse el espíritu de derrota que dominaba al pueblo israelita en esa época, que necesitaba rehabilitarse a través de supuestas hazañas descomunales.

Por ello, hay motivos para pensar que la gran epopeya de la conquista de Canaán, narrada con todo lujo de detalles, es la idealización de un proceso de absorción y dominio de una parte de la antigua población autóctona. Como ya hemos adelantado, numerosos detalles arqueológicos sugieren que toda la región estuvo habitada desde siempre por hebreos que participaban de su misma base cultural. Uno de esos detalles es el hallazgo de templos que fueron construidos siguiendo el modelo del templo de Salomón, así como el hecho, también mencionado en la Biblia, de que este hizo venir para su construcción a personal de la región.

Los jueces

En todo caso, ese periodo de conquista aparece centrado en torno a las figuras de los *sophetim*, término traducido un tanto confusamente por «jueces», ya que en realidad parece que se trataba más bien de unos carismáticos caudillos guerreros. Los más renombrados son Gedeón, Jefté y Sansón, en especial este último, muy conocido por sus luchas contra los filisteos y su captura gracias a la astucia de su amante filistea Dalila, a quien imprudentemente había revelado que su descomunal fuerza residía en la longitud de sus cabellos. La astuta mujer lo narcotizó, lo rapó mientras dormía y lo entregó a sus enemigos. Estos lo cegaron y sometieron a trabajos humillantes, mientras le crecían de nuevo los cabellos sin que los filisteos se percataran. Llegado el momento propicio, Sansón derribó las columnas de un templo y en ese acto perecieron él y sus enemigos (Jue 16,30).

La fábula no pasa de ser una simple moraleja sobre los peligros de confiarse excesivamente a la mujer, y corresponde sin duda a la interesada creación de un gran héroe en un momento de gran apuro para los israelitas, como se refleja en el mismo *Libro de Jueces* (15,11): «¿No sabes que los filisteos nos dominan?». El suicidio del héroe no ha dejado de presentar dificultades de interpretación, en contradicción con el Decálogo, pero los exegetas suelen negarse a considerarlo como tal y prefieren verlo como el perfeccionamiento de su misión.

Los relatos sobre los jueces están redactados siguiendo un esquema constante, un concepto teológico de la historia según el cual Yahvé castiga los pecados de su pueblo con las derrotas en el campo de batalla, hasta que, arrepentido el pueblo de Israel, Dios le manda un libertador. Los héroes se suceden y Yahvé siempre los ilumina con algún tipo de milagro. La profetisa Débora, que cosecha la victoria valiéndose de la argucia de Yael para traicionar las reglas de la hospitalidad, o el milagro de Gedeón, a quien Yahvé obsequia con un rocío providencial, signo con el que vencerá a los madianitas, siguen siempre el mismo esquema.

La conclusión del proceso es la conquista y dominación final de esa tierra gracias al convencimiento absoluto de los derechos que sobre ella tiene el pueblo israelita. Porque para el pueblo elegido la tierra no es meramente el espacio donde se habita, sino un componente esencial del propio ser vinculado a la estructura de la sociedad, que no es que sea ya teocrática, sino que está directamente regida por el mismo Yahvé. Por ello, al principio se consideraba sacrílego tener reyes como los pueblos vecinos; el juez Gedeón había reaccionado ante las propuestas en ese sentido diciendo: «Yahvé será vuestro rey».

Pero, a la larga, Israel no podía sustraerse a los efectos del mimetismo y, finalmente, tras una derrota ante los filisteos que como veremos acarreó la pérdida del Arca de la Alianza se decidió elegir un rey como solución. Se trataba de hacer competitivo al pueblo frente a sus aguerridos vecinos. Así emergieron los reyes israelitas, el primero de los cuales fue Saúl, quien, dotado de instinto político, abandonó la confusa organización guerrera basada en el voluntariado para crear un ejército permanente.

Saúl amplió las conquistas sobre Canaán hasta que el país cambió su nombre por el de Israel en cuanto se operó su transferencia a manos de los invasores. Este se transformó en un reino efímero, pero esa denominación fue recobrada ya en el siglo XX para aplicarla al moderno Estado con el que se desea ofrecer una casa común a los judíos de todo el mundo.

Los precedentes del templo

El Arca de la Alianza

El antecedente directo del templo es la *Mishkan* («Arca de la Alianza»), caja donde fueron guardadas las Tablas de la Ley por los seguidores de Moisés. También fue llamada «Arca del Testimonio», «Arca de la Alianza del Señor de toda la Tierra», «Arca Sagrada» y «Arca de la Fortaleza de tu Dios».

De acuerdo con el carácter hermético de la divinidad judía, las Tablas de la Ley no eran expuestas al público para ser veneradas, sino que se preservaban de las miradas indiscretas y las profanaciones —recordemos el carácter sacro de todo lo relacionado con lo divino, desde el nombre a la imagen—, lo que no impedía que pudieran utilizarse como enseña de guerra. De hecho, el Arca fue llevada en varias ocasiones al campo de batalla, sin duda como amuleto que atrajese la protección de Yahvé.

La *Mishkan* era básicamente una caja —*aron*— portátil muy adecuada para un pueblo nómada. Aunque su elaboración ha sido atribuida en diversas tradiciones judías a un artesano llamado Bezalel, lo más habitual es creer que el mismo Yahvé suministró a Moisés prolijas instrucciones sobre cómo construirla (Éx 25):

> 10. *Fabricarás un arca de madera de acacia, cuya longitud sea de dos codos y medio; su anchura de codo y medio, y de codo y medio su altura.*
>
> 11. *La revestirás de oro puro, recubriéndola por dentro y por fuera, y harás en torno a ella una guirnalda de oro.*
>
> 12. *Fundirás, además, para ella cuatro anillos de oro, que pondrás sobre sus cuatro ángulos, dos anillos en un lado y dos en el otro.*

13. También harás varales de madera de acacia que revestirás de oro.

14. Introducirás los varales por los anillos de los costados del arca para transportarla.

15. Los varales permanecerán en los anillos del arca, sin separarlos de ella.

16. En el arca pondrás el testimonio que te he de dar.

17. Harás también un propiciatorio de oro puro, cuya longitud será de dos codos y medio, y su anchura de codo y medio.

18. Luego fabricarás dos querubines de oro cincelado que colocarás en los dos extremos del propiciatorio.

19. Pondrás, pues, un querubín en un extremo y otro querubín en el otro; estos querubines los harás formando una sola pieza con el propiciatorio.

20. Los querubines tendrán sus alas extendidas en alto, y cubrirán con ellas el propiciatorio y los rostros vueltos uno hacia otro: hacia el propiciatorio estarán vueltos los rostros de los querubines.

Como vemos, las características del Arca de la Alianza se dan con un detalle sorprendente, por lo que sin tirar mucho de imaginación ha sido posible reconstruirla innumerables veces siguiendo esas instrucciones (fig. 23).

No es difícil observar que muchos detalles corresponden con los de modelos egipcios y asirios preexistentes; así, en la tumba de Tutankamón se ha encontrado un objeto sorprendentemente similar a las anteriores descripciones bíblicas, provisto incluso de pértigas para su transporte. También es frecuente hallar en los laterales de los sepulcros diversas imágenes femeninas aladas como una clara evocación de los querubines. No cabe duda de que la estética general de la región incluía este figurativismo que no era exclusivo de los israelitas.

El Arca de la Alianza jugó un papel muy importante en la fe judía. Ya hemos comentado que los israelitas no dudarían en apoyarse en ella para llevar adelante la conquista de la tierra prometida que tuvieron que emprender tras el éxodo por el desierto de Sinaí. Un hito muy importante fue la conquista de Jericó, la llamada «ciudad de las palmeras» por su estratégica situación en un oasis. En esa acción, el caudillo Josué exhibió, desde el primer momento del sitio de la ciudad, la sagrada reliquia en procesión durante seis días acompañada con el toque de los *shofar* (Jos 6,16-20), una especie de trompas

—para promover maniobras de intimidación, diríamos hoy—, y al séptimo las murallas cayeron con estrépito, lo que parece la versión magnificada de una complicada maniobra de asalto a la ciudad siguiendo la estrategia del caballo de Troya, con un grupo de guerreros introducidos sigilosamente por una prostituta.

La veneración por el Arca se extendió a las religiones herederas del judaísmo. Los cristianos veneran su propia versión en el sagrario, morada de Jesús sacramentado, y los musulmanes la mencionan en el Corán, donde se afirma que al final de los tiempos la rescatará el *Mahdi* («redentor del Islam») del fondo del lago de Tiberíades *(Kinnereth)*, donde habría sido escondida antes de la destrucción del templo por los babilonios. Como era de esperar, las tradiciones «salvadoras» del Arca abundan.

Las tribus israelitas no dejaron de observar, durante la travesía del desierto, el ritual de los sacrificios al Señor. Aarón, el hermano de Moisés, fue el encargado desde el primer momento de la preparación de los mismos, en la forma detallada prescrita por la ley, que preveía el tipo y forma de la leña, su preparación y la cantidad necesaria, aunque al parecer el fuego era milagrosamente encendido por Yahvé de manera espontánea.

Ambos hermanos pertenecían a la tribu de Leví; ellos y su descendencia se dedicaron a las cosas sagradas, de forma que, en el posterior reparto de la tierra prometida, no tendrían un territorio fijo, sino que formarían la casta sacerdotal encargada del manejo de esas cosas sagradas. Narra la Biblia que durante la travesía del desierto el Arca era transportada por estos, que eran los únicos autorizados (Núm 3,10; Éx 29,9; Núm 18,1-7), unos 1000 metros por delante de la multitud de fieles y del ejército (Núm 35,5; Jos 4,5). El Arca se encontraba cuidadosamente oculta, incluso a los ojos de los que la llevaban, bajo un velo formado por pieles de animales y tela azul. A su paso los milagros eran continuos: así, en el paso del río Jordán, «sus aguas se separaron formando un montón», de forma que se abrió un sendero seco para facilitar el paso de la hueste (Jos 3,15-16; 4,7-18). Según la *Midrash*, a menudo era la propia Arca la que transportaba a sus porteadores por encima del suelo (de donde procede el verbo «levitar») y señalaba el camino eliminando los arbustos y escorpiones mediante llamas que salían de sus costados. Incluso estas no vacilaban en castigar a los propios israelitas si no la trataban con el debido respeto: una transgresión importante podía consistir simplemente en mirarla, motivo por el cual iba siempre envuelta en una tela.

En definitiva, el Arca viajaba en una especie de «hiperespacio» inaccesible a los mortales que la rodeaban y su existencia, como símbolo del universo, debía ser considerada una excepción a las leyes ordinarias del espacio y del tiempo que rigen la materia del mundo. Como tal constituye un símbolo situado a medio camino entre la materialidad y la inmaterialidad del mundo sagrado.

Terminada la conquista de Canaán, el Arca fue depositada primero en el Gilgal y después en la ciudad de Shiloh, pero nuevamente hubo que recurrir a ella en la batalla de Even-Ezer, en la que, pese a la protección divina, los israelitas fueron derrotados y su Arca robada; se trata de un episodio muy duro con el que pareció haber llegado el fin de Israel. Cuentan las Escrituras que los filisteos la llevaron entonces al templo de su dios Dagon, en Asod, y a otras ciudades, como Gat y Acarón, pero en todas partes eran oportunamente castigados con nuevas plagas o sus ídolos aparecían rotos, a pesar de lo cual la retuvieron en su poder varios meses hasta que la devolvieron, acompañada además de valiosos regalos. Entonces fue llevada a Beit Shemes, donde los propios israelitas sufrieron a su vez una plaga por no haberla protegido suficientemente.

En realidad, todo lo anterior parece una mentira piadosa que sirvió para encubrir la gran derrota israelita, a la que seguramente siguió la destrucción de Shiloh. Pero no es lo dicho del todo descartable: pensemos que en la época existía la creencia de que cada dios, e incluso los dioses opuestos, dominaba en su territorio, por lo que los filisteos debieron sentir cierto temor teniendo con ellos la valorada Arca, por lo que, según parece, la debieron trasladar a algún lugar alejado como si de un objeto apestado se tratara, de donde no les debió ser difícil recuperarla.

En cualquier caso, esto lo hicieron los miembros de la tribu de Judá, no sus antiguos poseedores, los efraimitas, hecho que contribuyó a marcar el dominio futuro de esta tribu.

Y todavía no terminaron ahí las peripecias del Arca, ya que tras su recuperación pasó veinte años más en Kiryat Yearim, un pueblo cerca de Jerusalén, ciudad que con el reinado de David sería su morada definitiva. Pero no nos adelantemos.

El misterio de los querubines

La primera mención en la Biblia al querubín se produce en Gén 3,24; se trata de alguien que blandía una espada de fuego mientras vigilaba la entrada al Paraíso para evitar que Adam y Eva volvieran a él tras su expulsión. No se aclara de qué se trata.

En el resto de la Biblia la alusión al querubín es constante; parece que se trataba de algo tan familiar entre los hebreos que no precisaba mayores detalles; sin embargo, hoy todavía subsiste la duda sobre el aspecto y verdadero significado de este ser. De todos modos, según el sueño de Ezequiel, del que luego trataremos, parece que se trataba de algún tipo de quimera alada; lo más probable es que fuera un toro alado. Siglos después, Santo Tomás definiría los «nueve coros angélicos» o categorías en las que se distribuían los diversos tipos de ángeles dispuestos a honrar al Señor y, naturalmente, uno de ellos era el de los querubines, que desde entonces son imaginados con forma angélica.

Es muy probable, sin embargo, que los querubines del Arca de la Alianza y del templo fueran otro tipo de personajes muy distintos. Una breve ojeada a otras culturas vecinas a la judía, de las que esta tuvo que recibir inevitablemente alguna influencia, puede aclarar el misterio. En toda la zona del Creciente fértil y en otras regiones cercanas son frecuentes las representaciones de seres con forma híbrida, una composición de hombres, toros, leones o águilas, siempre inevitablemente alados. En las excavaciones arqueológicas, especialmente en lo que fue el imperio persa, abundan las representaciones de estos entes fabulosos, a menudo de tamaño colosal. Las más extendidas son las conocidas como *shedu*, figuras mixtas de persona-toro alado, generalmente utilizadas como figura de protección o bienvenida a la entrada de templos o en pasillos, cuyo propio tamaño y majestuosas alas sugieren rapidez, omnipresencia y protección divina, así como bienvenida; todo ello acentuado por su constante presencia también en entradas de palacios y templos.

No es extraño, por tanto, que la cultura iconográfica judía tomara estos símbolos y los adaptara a su propia religión. Su mismo nombre, cuya raíz no aparece en el Antiguo Testamento, está relacionado muy probablemente con el acadio *karabu* («bendecir», con Dios por sujeto como en el hebreo *barak*), y particularmente con el participio *karibu*, nombre de una divinidad de segundo orden que intercedía por los hombres ante los dioses superiores.

Los querubines estaban situados sobre el llamado propiciatorio o Asiento de la Gracia *(kapporet)*. Este era, en realidad, la tapa del Arca, símbolo de la ocultación de Dios, «propicio» por tanto a la comunicación con Él, pues el mismo Yahvé, al manifestarle esta a Moisés para Aarón, había afirmado que se aparecía en «una nube encima de él» (Lev 16,2). Dicho en otras palabras, resulta que el propiciatorio era en realidad el punto más importante del templo, el que lo justificaba como morada de Dios.

Los querubines son representados en la iconografía según la descripción vista en Éx 25,19-20 como dos imágenes de oro sobre el propiciatorio, con sus rostros vueltos uno hacia el otro y las alas extendidas hacia arriba. A su vez señalan la presencia de Yahvé, «que se sienta sobre los querubines» (I Sam 4,4; II Sam 6,2; II Re 19,15; etc.).

Con ellos pueden compararse, como veremos, los del templo de Salomón, hechos de madera de olivo recubierta de oro, de diez codos de alto, colocados en el *Kodesh Hakodashim* («Sanctasanctórum») del templo, con los rostros vueltos hacia el santuario (I Re 6,23-28; II Par 3,10-13), de forma semejante a como los querubines del Arca están vueltos hacia el propiciatorio. También aparecen en el velo y las cortinas del Tabernáculo como objetos de culto (Éx 26,1) y del templo (II Par 3,14).

Es inevitable asociarlos con los serafines, tal como son llamados por Isaías (6,2) los seres de seis alas que están ante el trono de Yahvé. Están misteriosamente relacionados con el hebreo *saraf,* «serpiente», por *saraf,* «arder», aludiendo a la picadura venenosa y ardiente del animal. Esto ha permitido poner en marcha innumerables especulaciones sobre su aspecto, del que se ha supuesto también que es mixto, como el de los querubines. En todo caso, esos «retazos» de visiones angélicas indujeron a Santo Tomás nada menos que a postular una jerarquía de seres celestiales, en la que querubines y serafines eran equivalentes a dos rangos, precisamente de los menores y por ello destinados a la relación directa con el hombre. Posteriormente, la literatura y el arte los identificaría como angelitos con aspecto de niño, dando este nombre a los *putti* alados tan frecuentes en las representaciones religiosas. De hecho, Serafín como nombre de persona es corriente en español.[7]

---

[7]. En italiano se da incluso el de Cherubino, portado por un personaje de la ópera de Mozart *Las bodas de Fígaro.*

El Tabernáculo

El Tabernáculo debe ser considerado el primer pre-templo rudimentario de los judíos. Su propio nombre lo señala como lugar de custodia para el arca y las tablas de piedra. A veces, aunque con menos frecuencia, es llamado «habitación», y se funda en lo externo. De nuevo hallamos en la Biblia una detallada descripción del Tabernáculo ofrecida por el mismo Yahvé (Éx 26; 36,8-37) en sus instrucciones a Moisés, que reproducimos parcialmente:

1. Harás el Tabernáculo con diez tapices de lienzo de lino retorcido, de púrpura violácea, púrpura escarlata y carmesí, en los cuales representarás querubines artísticamente trabajados.

2. La longitud de cada tapiz será de veintiocho codos y la anchura de cuatro; una misma medida tendrán todas las cortinas.

3. Cinco cortinas estarán unidas una con otra; las otras cinco también estarán juntas en una.

4. Harás unas presillas de púrpura violeta en el borde de la cortina que remata la primera serie; lo mismo harás en el borde de la cortina que ocupa el extremo de la segunda serie.

5. Cincuenta presillas harás en el primer tapiz y pondrás otras cincuenta en el borde de la cortina que ocupe el extremo de la segunda serie, procurando que las presillas se correspondan entre sí.

6. Harás, además, cincuenta corchetes de oro y juntarás las cortinas una a otra por medio de los corchetes, de manera que el Tabernáculo forme un todo.

Se trataba básicamente de una tienda grande y lujosa, hecha de «diez cortinas de lino fino retorcido, púrpura violeta, púrpura escarlata y carmesí, y adornada con querubines, de trabajo artístico». A ellas se añadían «cortinas de pelo de cabra» y una cubierta de pieles de carnero teñidas de rojo, hasta hacerlo todo muy rígido mediante tablones de acacia. El conjunto se remataba con un «velo de púrpura violácea, púrpura escarlata y carmesí, y batista de hilo torzal… además de cuatro columnas de acacia, revestidas de oro», y en la entrada «una cortina de púrpura violeta». Resumiendo: el Tabernáculo era un «templo portátil» que viajaba con los israelitas en su largo éxodo (fig. 6).

Su construcción había sido encargada a Bezalel (Éx 31,1-6), persona de gran sabiduría y capaz de combinar las letras del alfabeto con las que habían sido creados el cielo y la Tierra. Parece que las instrucciones de Yahvé a Moisés eran de tal complejidad que este no fue capaz de interpretarlas, especialmente la forma de la *Menorah*, pese a que Dios se la había mostrado dos veces. Sin embargo, cuando aquel la describió a su nieto-sobrino de sólo trece años, enseguida lo comprendió y la construyó sin vacilar, lo que le valió la admiración del profeta por su aguda sabiduría.

El Tabernáculo (fig. 22) fue el primer precedente del templo de Salomón. El recinto que iba a contenerlo consistía en un solar de 100 codos de largo y 50 de ancho (aproximadamente 50 × 25 metros). Este espacio se dividía idealmente en dos cuadrados contiguos: en el más alejado de la entrada se disponía el Tabernáculo.

En las dimensiones proporcionadas por el mismo Yahvé se ve una predilección por el cuerpo cúbico, que por este motivo se configura como una figura sacra. La igualdad en las tres dimensiones es un símbolo del equilibrio cósmico que debe presidir toda obra destinada a la divinidad. El Tabernáculo estaba dividido en el Santo (donde se hallaban la mesa y los Panes de la Proposición, el candelabro de los siete brazos o *Menorah* y el altar de los perfumes) y el Santísimo o Sanctasanctórum, lugar que estaba destinado a la *Shekinnah* o presencia divina de Dios, simbolizada en el Arca que allí se guardaba. El primer recinto, que tenía unas dimensiones de 20 × 10 × 10 codos, consistía en dos cubos superpuestos; el segundo, con 10 × 10 × 10 codos, era un cubo perfecto. Ambos espacios estaban separados por una cortina. Naturalmente, también el propio Tabernáculo estaba cerrado por una valla.

En el centro del cuadrado anterior de la explanada del Tabernáculo, de 50 × 50 codos, se situaba el altar sacrificial; ya se ha indicado la importancia que para Yahvé tenía que el sacrificio fuera formalmente muy correcto y estuviera sujeto a una ceremonia más o menos compleja según el animal, el día y el grado de solemnidad que el acto requiriera. Se dice en Éx 23,15; 34,20: «No te presentarás ante mí con las manos vacías». De hecho, en la concepción antigua, el sacrificio era también oblación de una parte del mismo oferente, el medio de establecer una comunión entre este y Dios. Esto se expresaba especialmente en los sacrificios en que se quemaba una parte de la víctima y el resto, a excepción de lo reservado para el sacerdote, se consumía en un banquete sacrificial (Lev 1,4 y otros).

El ara, en forma de mesa, consistía en una caja de madera recubierta de bronce, sin tapa ni fondo y fácilmente transportable, que para el sacrificio se rellenaba con tierra o piedras. Los israelitas sentían al principio, en su vida errante, que la piedra no debía ser tallada para no profanarla, aunque esta prevención obedecía seguramente a motivos prácticos. Estaba situada sobre una peana, pues una curiosa disposición prohibía ascender hasta ese altar por gradas «para que no se descubra en ellas tu desnudez» (Éx 20,26), alusión clara al delantal corto egipcio. Un curioso apéndice eran sus «cuernos», tomados de los altares usados por los cananeos. El sentido de estos salientes se nos escapa, aunque posiblemente fueran puntos para sujetar la bestia que iba a ser sacrificada. Un elemento complementario era el lavatorio para sacerdotes y animales que estaba situado al otro lado; la limpieza en los ritos era esencial para realizar bien el sacrificio.

Otros elementos complementarios del sacrificio eran la imposición de manos y la aspersión del altar y del pueblo con sangre.

De hecho, incluso en las matanzas privadas, la sangre debía ser vertida en tierra y cubierta con ella.

El Tabernáculo estaba destinado a contener las Tablas de la Ley, además de algún otro objeto. Las Tablas de la Ley iniciales habían sido rotas por Moisés, irritado al ver a su pueblo entregado a la idolatría, pero Yahvé le proporcionó unas segundas que serían copiadas profusamente a lo largo de los siglos.

La *Menorah*

Un elemento básico en el interior del Tabernáculo era el candelabro de siete brazos o *Menorah* (véase fig. 3), que podía ser objeto de complicados ritos según el orden y cantidad en que se encendían y apagaban sus candelas. Junto a la estrella de David de seis puntas (formada por dos triángulos invertidos), muy posterior, es el símbolo judío más conocido. Las instrucciones para construirlo también proceden del mismo Yahvé, que se las suministró a Moisés en el mismo encuentro del monte Sinaí (Éx 25, 31-40).

31. Harás también un candelabro de oro; estarán trabajados a cincel el candelabro, su pie y su fuste, y arrancarán del mismo candelabro sus cálices, sus bulbos y sus flores.

32. Seis brazos saldrán por los costados: tres brazos del candelabro por un lado y tres del otro costado.

33. Tres cálices a manera de flor de almendro, compuestos de botón y flor, habrá en cada uno de los dos brazos laterales; así en los seis brazos que salen del candelabro.

34. En el fuste del candelabro habrá cuatro cálices en forma de flor de almendro, con sus botones y flores.

35. Habrá un botón bajo los dos primeros brazos que salgan del candelabro, un botón bajo los dos brazos siguientes y otro botón bajo los dos brazos últimos que arranquen del candelabro; así para los seis brazos que partan del candelabro.

36. Tales botones y brazos formarán un solo cuerpo con el candelabro; todo ello será de una pieza de oro puro labrada a cincel.

37. También harás para él siete lámparas que colocarás encima, de suerte que proyecten la luz sobre el lado de enfrente.

38. Sus despabiladeras y sus platillos porta-pabilos serán de oro puro.

39. Un talento de oro puro emplearás en la fabricación del candelabro con todos estos utensilios.

40. Mira y hazlo conforme al modelo que se te ha mostrado en la montaña.

En estas instrucciones de nuevo tan detalladas no hay alusión alguna a la curvatura de los brazos de la *Menorah*. ¿De dónde procede esta? Pese a que Maimónides opinaba que debía estar formada por brazos rectos, en los antiguos dibujos y sobre todo en el Arco de Tito en Roma, que conmemora el botín portado desde Jerusalén, aparece claramente con la forma con que es conocida actualmente.

Al parecer el número de lámparas varió de unos templos a otros. Las siete candelas debían ser removidas diariamente para mantener el aspecto de eterno fuego sagrado.

¿Cuál fue el destino de la *Menorah* al ser trasladada a Roma? Sin duda, de allí también fue robada por las sucesivas invasiones de los bárbaros, probablemente ya por la de los primeros, los visigodos, en el año 410. Una piadosa tradición afirma que resistió hasta el saqueo de los vándalos (año 455), que la habrían llevado a su capital, Cartago, donde el ejército de Belisario la rescató para llevarla a Constantinopla. En todo caso, también aquí se pierde su rastro.

La *Menorah* es quizás el símbolo más característico de la comunidad israelita y alguna representación suya figura en la mayoría de las sinagogas, perpetuamente encendida recordando el fuego del primer templo. Se ha discutido mucho sobre su simbolismo; al parecer los siete brazos representaban los planetas, lo que indicaría, una vez más, una influencia extranjera, posiblemente asirio-babilónica; la alusión se repite en las flores del almendro a través de la identificación de los planetas con almendras. En todo caso, sus imágenes modernas muestran gran variedad de diseños. En la actualidad, el Estado de Israel la ha incluido en su bandera.

No debe ser confundida la *Menorah* con la *Hanukkiah*, que es un candelabro similar pero de nueve brazos. Se utiliza en la fiesta de la *Hanukkah*, que conmemora el hecho de que tras la profanación del templo en tiempos de los Macabeos *(véase más adelante)*, a pesar de que solamente quedaba aceite para alimentar su llama permanente durante un día, el fuego ardió milagrosamente durante ocho, dando así tiempo a que aquel fuera repuesto. Este número es simbolizado por los ocho brazos laterales del candelabro, mientras que el central (el *shamash*) ilumina a los restantes.

No obstante, es común, especialmente entre no judíos, llamar «*Menorah* de nueve brazos» a la *Hanukkiah*.

Es indudable la influencia de estos candelabros sobre los utilizados antiguamente en las funciones litúrgicas cristianas de Semana Santa.

¿Existe todavía el Arca?

De hecho, la Biblia silencia, a partir de un determinado momento, cuál fue la suerte del Arca. En la destrucción del templo del año 586 a. de C. a manos de los babilonios no se menciona su destrucción, cuando hubiese sido un acontecimiento de tanta importancia como para no dejar de ser anotado. La mayoría de los historiadores concuerdan en que el Arca no estaba ya en el templo, porque había desaparecido en alguno de los múltiples saqueos a que este se vio sometido con el tiempo.

Es el segundo libro apócrifo de los Macabeos, un tardío texto judío, el que narra cómo el profeta bíblico Jeremías sacó el Arca del templo justo antes de que los babilonios tomaran Jerusalén y la destruyeran. Según ese relato, ante las profanaciones idólatras que se habían producido en los últimos tiempos, justo antes de que los babilonios entraran en Jerusalén y destruyeran el templo (586 a. de C.), Jeremías cruzó con ella el río Jordán, la escondió en una cueva del monte Nebo, la montaña desde la que Moisés había divisado la tierra prometida antes de la conquista israelita de Canaán, y luego precintó la entrada de la cueva, de manera que todos los esfuerzos por encontrarla resultaron inútiles; las profecías ulteriores narraban que allí sería guardada hasta que Dios reuniera a su pueblo en el Juicio Final.

Según otra tradición rabínica, el rey Josías, que llegó al trono hacia el año 639 a. de C., la escondió en algún lugar (posiblemente subterráneo) del templo siguiendo las indicaciones del profeta Huldah. En este relato se basan todas las especulaciones sobre la existencia actual del Arca.

Durante siglos se mantuvo la idea de que el Arca se hallaba «en su sitio» —algún lugar del templo, según las interpretaciones habituales—, donde sería descubierta en el momento oportuno. Muchos opinaban que se encontraba enterrada en algún lugar del templo en el que se almacenaba la leña para las hogueras expiatorias. Sin duda esta creencia guió las numerosas excavaciones que los templarios realizaron en la zona de la Cúpula de la Roca hasta dejarla convertida en un colador; el arqueólogo Warren volvería de nuevo sobre ella en el siglo XIX.

Todas estas versiones son en definitiva una mera coda de la del «hiperespacio», un Sanctasanctórum especial hecho para ella, en el que seguiría existiendo la sagrada reliquia. ¿Sería este espacio la célebre cueva? En fin, todavía en otra leyenda, más cara a los musulmanes y sostenida por Abbas, un primo de Mahoma, el Arca habría sido escondida en el mar de Galilea, *Kinneret*, y aquí sería encontrada justo antes del fin de los tiempos por el *Mahdi*, la famosa figura islámica equivalente al Mesías.

David y sus sucesores

El ascenso de David

El rey David es el más conocido de la historia judía junto a su hijo Salomón. Estadista, poeta y hombre de violentas pasiones, fue el fundador del Estado israelita.

Su llegada al trono se vio envuelta en una serie de leyendas que, probablemente estaban destinadas a legitimar lo que no fue más que una usurpación a Saúl, el rey legítimo, con eliminación física incluida. David, natural de Belén de Judá, era al principio un escudero del rey; unos hablan de que sabía ahuyentar su melancolía tocando la cítara (I Sam 16,18-23), otros (I Sam 17,77-18,5) creen que su popularidad deriva de haber matado al gigante Goliat, episodio que lo hizo célebre.

En las eternas luchas entre los israelitas y los filisteos, el episodio más conocido es la muerte del célebre gigante filisteo «de tres metros de alto», según el *Talmud*, que causaba estragos en las filas israelitas; I Sam 19,5; I Sam 21,10 se narra el épico duelo entre los dos hombres, que ha quedado como arquetipo del débil venciendo al fuerte gracias a la utilización de la astucia. David rechazó la armadura que le ofrecía el rey Saúl y acudió al duelo con el gigante provisto únicamente de su honda, para la que tomó «cinco guijarros del torrente» (I Sam 17,40), que no necesitó porque con el primero ya acertó a dar a Goliat en la frente, tras lo cual le cortó la cabeza con su propia espada.

El rey Saúl, que primero lo había convertido en su yerno, acabó sintiendo celos de sus éxitos y condenándolo al ostracismo. David reaccionó ofreciendo sus servicios al rey filisteo, aunque fuera tildado de traidor, episodio sobre el que se pasa de puntillas en las Escrituras. Su acción también sirvió de aglutinador de los descontentos frente al rey judío, y para reafirmar su prestigio ante la facción rebelde. Tras la muerte del rey, que se suicidó después de su derrota en Gelboé, David consiguió ser nombrado primero rey de la tribu de Judá, y después acabaría extendiendo su poder a las restantes, aunque la vinculación nunca fue excesiva.

Establecido en Hebrón, pronto tomó la cercana capital de los jebuseos, a orillas del torrente Cedrón, que por entonces debía contar solamente con unos 1500 habitantes. De momento esta fue conocida como «la ciudad de David», aunque pronto cambió su nombre por el de Jerusalén. Se iniciaba una capitalidad mundial espiritual que en muchos sentidos aún perdura.

David es recordado como el gran rey unificador, creador de la nación israelita a partir de un mosaico de tribus dispersas. Su primer objetivo fue mejorar el papel aglutinador de la figura del rey en un pueblo todavía seminómada, de manera que fuera el garante de la creación de una estructura de Estado. Sometió a la mayoría de las ciudades independientes de Canaán, creó diversos órganos administrativos y convirtió a la recién conquistada ciudad de Jerusalén en la capital del reino.

De todos modos, dado que entre la tribus subsistían antiguas rivalidades, tuvo que hacer gala de sus excelentes dotes diplomáticas para mantener un buen equilibrio de intereses en la unión del Estado israelita. Las tribus del norte, singularmente la de Efraím, que tradicionalmente había llevado la iniciativa en la lucha por Canaán, recelaban de la de Judá, que era vista como advenediza. En ese sentido, el establecimiento de la capitalidad en Jerusalén debe verse como el resultado de una decisión política de equilibrio y pacto: una ciudad «neutral» entre los que serían más adelante los reinos del norte y del sur. El Arca, guardada en Hebrón desde que fue recuperada por última vez, fue trasladada a Jerusalén con el consentimiento de las tribus, si bien la de Efraín se mostraba algo contraria.

Consolidada la necesaria unión política, David se atrevió a atacar a los filisteos con todas sus fuerzas concentradas. Sometió Edom, Moab, Ammón y a otros Estados vecinos, hasta llevar a su reino a un periodo de máximo esplendor que todavía es recordado por el pueblo judío como una etapa de referencia en su historia. Sin embargo, no pudo evitar luchas civiles entre algunos grupos de israelitas.

Rebeliones

David tuvo que combatir no sólo con los filisteos, sino contra su propia familia, con la que no tuvo mucha suerte. Uno de sus hijos, Amnón, violó a su hermana Tamar, y otro hijo, Absalom, conocido por su hermosura, acabó matándolo por ese hecho y después tuvo que huir para escapar a la cólera del rey, hasta que tres años más tarde el general Joab consiguió convencerle para que volviera y estableciera la paz con su padre. En realidad, en el exilio representaba un peligro potencial, pues alguna fracción separatista, siempre presente en el resentido norte, podía proclamarlo rey.

Ese debió ser el argumento esgrimido por el astuto Joab ante David para conseguir el perdón.

Además, al margen de esa situación, la muerte de Amnón lo había convertido en aspirante legítimo al trono, por lo que no tenía más que esperar para que este acabara en sus manos. Sin embargo, su desmedida ambición e impaciencia le hicieron calibrar mal su popularidad entre los judíos, y permitió que sus partidarios lo proclamaran rey en Hebrón, la antigua capital. Este hecho desató la guerra contra su propio padre, esta vez ya sin posibilidad de arreglo.

Después de diversas alternativas en la lucha, y pese a que David había encargado que se respetara su vida, Absalom acabó su vida a manos de Joab (II Sam 17,24-28) al quedar indefenso tras enredarse sus largos cabellos en el ramaje de una encina cuando huía derrotado. Su padre lloró sinceramente su muerte.

Betsabé

Uno de los generales que participaban en estas luchas fue Urías, un hitita casado con Betsabé, a la que un día el rey pudo ver mientras tomaba un baño. Inmediatamente sintió por ella una pasión adúltera que no cesó hasta que, ausente el marido, consiguió seducirla. Tras intentar en vano adjudicar la paternidad del hijo así engendrado al propio Urías, mandó despechado a su jefe que lo colocara en el sitio más peligroso de la batalla. Una vez eliminado el molesto rival, David, que ya tenía varias esposas, pudo casarse con

Betsabé aun a costa de soportar las duras reprimendas del profeta Natán. Este consiguió que sintiera un sincero arrepentimiento, que según la leyenda reflejó en sus Salmos, aunque lo más probable es que estos fueran escritos entre los años 70 y 40 a. de C. por algún autor fariseo.

Pero el hecho tuvo además otras consecuencias. Establecido ya Israel como un pueblo unificado y próspero, había llegado el momento de pensar en la construcción de un gran templo en el que encontrara cobijo definitivo el Arca de la Alianza, dejando ya el Tabernáculo propio de la superada vida de pastoreo errante. Pero fue el mismo Natán el que prohibió, aduciendo órdenes de Yahvé, que fuera David su constructor (II Sam 7,1-16) y quien reservó esa tarea para sus sucesores.

En todo caso, el Arca fue trasladada a Jerusalén en un carro especialmente construido para la ocasión. La ceremonia del traslado fue una fiesta en la que participaron centenares de israelitas, y durante la cual el Arca siguió dando muestras de su poder. Cuando por el traqueteo pareció que el Arca iba a caer al suelo, un hombre llamado Uzzah extendió su mano, a falta de sacerdote, para evitarlo. El Arca castigó su osadía haciéndole saltar por los aires y matándolo.

De todas maneras, Betsabé se había convertido en una hábil intrigante que, una vez eliminado el obstáculo que representaba la primogenitura de Absalom, consiguió de David la promesa de que nombraría sucesor al segundo hijo de ambos, Salomón (el primero había muerto prematuramente). Los manejos de Betsabé en la corte tendrían gran influencia en el futuro del reino.

Joab

Uno de los puntales más firmes de la monarquía de David fue Joab, un clásico arquetipo de *espadón*; él mismo hubiera podido llegar a ser rey si no le hubiera interesado más la función de ejecutor real desde su cargo militar que le permitía ejercer un mando más directo. Después de la muerte del rey Saúl condujo las tropas de David contra Abner, sobrino de este, y lo asesinó traicioneramente (II Sam 12-32 y 3,22-30). También tuvo gran influencia en la política interior; gracias a él pudo regresar Absalom, pero no vaciló en perseguirle y ejecutarle cuando volvió a rebelarse. Sin embargo, tanta sangre vertida le hizo perder el favor del mismo David, que llegó a aconsejar a su hijo Salomón que se librara de él en cuanto fuera rey.

Joab, quizá despechado por su alejamiento, decidió jugar una nueva carta apoyando a Adonías en su rebelión contra el nuevo rey Salomón, estrategia que al final le costaría la vida.

El ascenso de Salomón

El ascenso de Salomón al poder como hijo del rey David aparece rodeado de conjuras y maniobras políticas que la Biblia sólo deja entrever. Salomón no era el primogénito, pero tenía una importante ventaja: era hijo de Betsabé, la bella mujer que había recibido el amor más importante del ya anciano rey. Esta, que demostró sus cualidades como intrigante en la etapa final de la vida de David, tuvo como aliados al profeta Natán y al sumo sacerdote Sadoq, que consiguieron el favor real para que Salomón fuera designado rey, pese al recelo que despertaba entre la población un monarca que había sido engendrado en el pecado.

Entre los más insatisfechos se encontraba lógicamente Adonías, el hermano mayor de Salomón, que estaba decidido a alcanzar como fuera lo que él consideraba su legítimo derecho. Apoyado por Joab, experto en traiciones (II Sam 12-32 y 3,22-30), se rebeló abiertamente contra su hermano y organizó una ceremonia de proclamación al margen de la voluntad de David. No obstante, este conservaba, aunque anciano, las energías suficientes para aplastar enérgicamente la rebelión y designar formalmente heredero a Salomón, al que aún en vida proclamó rey.

Joab y Adonías fueron capturados pero David los perdonó mientras él viviera, aunque aconsejando a Salomón que prescindiera de ellos, pues previó que su actividad intrigante nunca iba a calmarse. Y así fue.

Abisag

En la biografía de Salomón juega un papel muy importante Abisag, la muchacha de Sulem de tan portentosa belleza que en el *Cantar de los Cantares* el sobrenombre «sulamita» significa «mujer bellísima» (Cant 7,1). Cuando David, anciano, achacoso y arrepentido de sus pecados, no conseguía sacudirse de encima el frío glacial que anticipaba el de la muerte, le fue entregada la joven Abisag como su enésima esposa para que con su propio cuerpo le proporcionara calor. Dice la Biblia que David no llegó a cohabitar con ella, aunque sí a recibir su consuelo en esos días (I Re 2,17-25).

Muerto ya el rey y proclamado Salomón como su sucesor, el tándem Adonías-Joab volvió a las andadas intrigando nuevamente para conseguir la corona para el primero, que como primogénito sentía que le correspondía. Para ello solicitó a su hermano, en lo que creyó una maniobra disimulada, que le entregara a Abisag como esposa.

Este fue el trueno que despertó a Salomón de la pasividad que había mostrado hasta el momento. Al fin comprendió claramente que su hermano no se atenía al perdón, pues la ley mosaica establecía que quien heredaba la esposa del rey heredaba también el derecho a sucederle. Salomón obró esta vez con contundencia. Prescindiendo del reconocimiento por méritos de guerra y por amor fraternal ordenó la ejecución de ambos. Adonías fue cazado en las calles como un perro, y Joab, que se había refugiado en el Tabernáculo confiando en que la sacralidad del lugar le evitaría la muerte, fue ejecutado allí mismo por Benayahu (I Re 2,28-35). Murió, según dice la Biblia, «agarrado a los cuernos del Arca de la Alianza».

Salomón, rey

Salomón, el gran rey de Israel, ascendió al trono accidentadamente pero teniendo ya una idea moderna del Estado. En una época en que Grecia y Roma no habían empezado siquiera a existir puso la vista en otras realidades políticas que trascendían la vieja organización tribal israelita. Con un corazón lleno de juicio para «discernir entre el bien y el mal» vio claramente que su país debía orientarse definitivamente por una vía que superara el tribalismo.

Por ello su primer gesto fue liquidar el pasado, la corte pretérita, único modo de marchar sin cargadas herencias ni fidelidades obligatorias. Condenó a muerte a Adonías, que quería atribuirse el harén de David, signo del poder real. Sus partidarios fueron expulsados, como el presbítero Ebyatar, o eliminados, como Joab, sin que a este le valiera los servicios prestados al haberle allanado el camino hacia el trono mediante la eliminación física de los obstáculos que le separaban de él. Salomón vio muy claro que un autócrata no podía permitirse el ejercicio de la piedad e hizo matar a Adonías en el santuario donde se había ocultado, sin consideración alguna por la regla que ordenaba respetar a quien se refugiara en el lugar sacro.

En medio de esa voluntad de dominio y establecimiento del Estado no podía faltar el boato que impresiona y da prestigio; por ello, pronto se rodeó de una guardia pretoriana de jóvenes caballeros vestidos de púrpura y él mismo paseaba todas las tardes por sus jardines ataviado con una inmaculada túnica blanca. Por primera vez, los atónitos ojos de los israelitas veían lo que era el esplendor real conseguido gracias a los elevados impuestos que Salomón empezó a cobrar a su pueblo. Este se vio al principio sorprendido por tener que soportar esta carga común a todos los países de autoridad centralizada, aunque por el momento sus protestas no fueron excesivas: con sus aportaciones sería posible construir el templo por el que suspiraban desde los días errantes de la conquista de Canaán.

En efecto, en todo programa de organización del Estado y de estructuración social hay una componente esencial: la construcción de obras públicas. Por todas partes se pusieron en marcha obras defensivas que dieran seguridad al reino ante los enemigos y ante posibles insurrecciones. La ciudad de David había rebasado sus murallas y se extendía hacia el norte, donde la colina Moriah dominaba la antigua ciudad desde una altura de unos veinte metros. Como confirmación de su poder Salomón pensó en establecer allí una muestra de su gloria: un vasto conjunto arquitectónico que agrupara un templo, un palacio real con su sala del trono, sala de las columnas y la casa del bosque del Líbano, convertida en su residencia privada.

La creciente impopularidad de Salomón durante los últimos años de su reinado quedó bien reflejada en los textos que critican abiertamente su tolerancia religiosa, llevada hasta el punto de permitir (por ejemplo, a su esposa egipcia) el culto a otros dioses e incluso a adorarlos él mismo. También practicó la poligamia como su padre, aunque más exagerada todavía (se habla de setecientas esposas en su harén). De hecho, esa realidad no hace más que indicar veladamente las tensiones internas del reino, que tras su muerte se escindiría en dos.

El templo de Salomón

El sueño realizado

Por fin había llegado con Salomón el momento de la construcción del Gran templo que a su padre David le había sido vetado, si bien la leyenda le concede a este una cierta intervención: parece que habría visto a un ángel en una era que acabaría siendo el emplazamiento de la gran obra.

El momento era el adecuado porque correspondía a un periodo de prosperidad de la que el reino ya no volvería posteriormente a disfrutar.

Salomón abandonó la política de conquistas de su padre y se concentró entonces en asentar lo ya conseguido. No emprendió ninguna guerra y sus relaciones con el extranjero, afianzadas por una hábil política, fueron en general buenas. También afianzó las relaciones con Egipto, el antiguo enemigo, tomó por esposa a una hija del Faraón y celebró tratados comerciales y de establecimiento de fronteras con Fenicia, de cuyos conocimientos náuticos se benefició para hacer posible que las naves comerciales israelitas surcaran todos los mares conocidos, desde Tarsis a Ofir. La fama de la prosperidad israelita y la sabiduría de su rey llegó hasta territorios muy lejanos, con los que mantuvo buenas relaciones, como Ammón o Saba (cuya propia reina fue a visitarle). En el interior estableció una rígida centralización, creó aduanas y estableció fuertes impuestos, que, si a la larga supondrían la partición del reino, de momento proporcionaban una seguridad y prosperidad que hacía asequibles mayores empresas.

Salomón fue un gran promotor de sí mismo. El comercio de las especias le permitió abundantes ingresos para financiar sus vastos proyectos. «Tenía el rey naves de Tarsis que navegaban con las de los siervos de Hiram, y llegaban cada tres años las naves de Tarsis trayendo oro, plata, marfil, monos y pavos reales» (II Par 9,21).

El nomadismo era cosa del pasado, ahora un nuevo y próspero Estado se asentaba sobre los terrenos que antaño habían sido recorridos por los pueblos nómadas.

De hecho, parte de su política centralizadora se plasmó en la construcción del templo con el que controlaba el culto en Jerusalén. Salomón trajo, para levantar la gran obra, materiales y técnicos de todos los reinos vecinos, especialmente de Fenicia. Las obras fueron dirigidas por los técnicos de Hiram, rey de Tiro y astuto negociante, quien pronto se dio cuenta de los beneficios que podían proporcionarle los ambiciosos planes arquitectónicos de Salomón, pues él sería el proveedor de la madera y la mano de obra especializada a los precios que él mismo fijara. Las obras empezaron «en el año 480» de la huida de Egipto, cifra sin duda simbólica o inventada, pues no cuadra con la realidad histórica.

El episodio de las relaciones con Hiram constituye una valiosa muestra del talante de Salomón.

Construir un templo era, para él, comparable a construir un ferrocarril para los países africanos en el siglo XIX: los israelitas, primitivos y sólo ocupados hasta aquel momento en guerrear, disponían de un país rico pero técnicamente atrasado en el que todo estaba por hacer. Cuando los técnicos fenicios llegaron a Jerusalén su primera tarea consistió en organizar a los israelitas en gremios y oficios con los que emprender los trabajos. Estos incluían labores desconocidas hasta el momento en el país, como tallar y pulir la piedra, transportarla, fundir los metales, fabricar los instrumentos, cortar y ensamblar las maderas, trabajar las piedras duras, fabricar poleas y cabrestantes, conducir el agua, acopiarla, mover las tierras y, sobre todo, entender las órdenes y establecer unos códigos de representación y lenguaje para comunicar y transmitir el nuevo oficio.

Treinta mil hombres fueron enviados a Tiro para que se perfeccionaran en estas artes. Ese papel de un país y un rey extranjeros que podían ayudar a crear un nuevo orden social no tardó en acarrear un profundo malestar en la casta levítica, hasta entonces privilegiada por ser la depositaria de la ritualidad litúrgica y tener el monopolio de la escritura, la lectura y la administración del reino.

La construcción

En la historia de los pueblos el templo, lugar de concentración del poder religioso, suele construirse cerca del centro del poder civil, que desde el primer momento comprende la necesidad de la alianza con los administradores de la magia de la religión, el estamento clerical. En ese sentido el templo salomónico no fue una excepción y, a semejanza de los otros de la región, fue construido adyacente al palacio real (Reyes I, 6-7), de forma que la adoración pudiera ser tutelada por el poder político.

De esta forma, la construcción del templo fue desde su origen mucho más que la realización de una obra: se trató de un paso en la modernización del pueblo israelita. Esta sociedad sería ya distinta en el futuro y el monopolio del poder religioso tocaba a su fin: nacía una nueva organización social fuera del ámbito jurisdiccional levítico. Una sociedad primaria daba paso a otra más avanzada con nuevos núcleos urbanos más dinámicos y ricos.

El presupuesto de la construcción desbordó ampliamente las previsiones. Es de suponer que Hiram colaboraría para que así fuera. Se dice además (I Re 9,22) que la numerosa mano de obra «forzada» utilizada no era israelita, sino cananea, aunque esta afirmación más bien pudiera ser una defensa frente a la lista de agravios presentada por el pueblo, descontento con los exorbitantes impuestos. En todo caso, el resultado fue que Salomón no pudo pagar a Hiram toda la deuda contraída y tuvo que acabar entregándole veinte ciudades. Esto hirió en su orgullo a los israelitas, que empezaron a manifestar un cierto rechazo contra la dinastía de David.

La narración de la construcción se hace en I Re 6, aunque de forma no siempre fácilmente inteligible:

2. La casa que construyó el rey Salomón a Yahvé tenía sesenta codos de longitud, veinte de anchura y treinta de altura.

3. El vestíbulo situado frente al templo de la casa tenía veinte codos de longitud a lo ancho de la casa y diez de latitud a lo largo de esta.

4. También hizo ventanas cerradas con celosías.

5. Adosada al muro de la casa construyó una edificación de tres pisos todo en derredor de los muros de aquella: del santuario y del Santísimo; también hizo habitaciones laterales en todo su derredor.

6. Las habitaciones que formaban el piso inferior eran de cinco codos de ancho, las del intermedio de seis y las del tercero de siete; pero dispuso en el muro exterior de la casa y en torno de ella unos retranqueos para no tener que empotrar [las vigas] en los muros del edificio.

7. En la construcción de este se emplearon piedras enteras, tal como de la cantera las traían, de suerte que al edificar la casa no se oía ruido de martillos, hacha ni instrumento alguno de hierro.

8. La entrada a las habitaciones del piso inferior se hallaba en el lateral derecho de la casa, y mediante una escalera de caracol se subía a las del piso central, y de este a las del tercero.

9. Una vez que hubo construido y acabado la casa la recubrió con artesonados y vigas de cedro.

10. Luego construyó [tres] pisos adosados a toda la casa de cinco codos de altura [en cada uno] y los trabó a la casa mediante vigas de cedro.

En resumen, la disposición del templo imitaba la del Tabernáculo, pero con un nuevo atrio. Esencialmente reproducía en piedra lo que antes había sido lona. La piedra fijaba la evolución futura de Israel.

La primera cuestión que surge es saber dónde estuvo realmente el templo, pues la ubicación tradicional, en la explanada de Haram ash-Sharif, es fuertemente discutida por los historiadores y arqueólogos. Una de las tradiciones, también discutible, lo fija en el antiguo monte Moriah, testigo de tantos hechos maravillosos en la historia judía, como el frustrado sacrificio de Isaac y el sueño de Jacob, que milagrosamente habría coincidido con la era de David. En todo caso, el montículo elegido no podía albergar una construcción como la del templo, de modo que hubo que rebajarlo hasta conseguir una explanada que permitiera la construcción. El templo estaba orientado hacia el sol naciente, punto en el que se situaba su entrada.

Se conocen descripciones de la obra realizadas en dispersos pasajes de la Biblia que han bastado, pese a su escasa claridad, para que artistas posteriores hayan sido capaces de reconstruirla, al menos en lo esencial.

En total, el templo constaba de variadas estancias. La más importante, su elemento central, era el *debir* o *Kadosh Kadoshim*, traducido como Sanctasanctórum (I Re 6,19; 8,6), o «casa interior», que constituía su núcleo, el lugar sagrado, la residencia de Yahvé, al que sólo este tenía acceso, y, excepcionalmente, el Sumo Sacerdote pero únicamente determinados días al año.

Su forma era cúbica: 20 codos (10 metros) de largo, ancho, y alto; es decir, más bajo que el cuerpo principal del templo, que tenía 30 codos, lo que ha dado pie a pensar que este recinto estaba más elevado que el resto, como de hecho era frecuente en la *cella* de otros templos. Albergaba el Arca y los mismos objetos que antaño habían ocupado el mismo lugar en el Tabernáculo, pero además contenía dos querubines de madera de olivo, cada uno de diez codos de altura y otro tanto de envergadura (entre las puntas de sus alas desplegadas), es decir, de un tamaño sobrecogedor para las dimensiones del recinto que lo contenía, al que llenaban completamente, de pared a pared, por estar colocados uno al lado del otro. No hay duda de que tal desproporción era buscada, e inducía a sentir una sensación de respeto y humildad ante la majestad de tales servidores de Yahvé. El recogimiento del lugar aumentaba porque carecía de ventanas (I Re 8,12) u otras aberturas, salvo la puerta de dos hojas y el velo de púrpura y fino lienzo (II Cró 3,14) que lo separaban del Santo.

En efecto, los colores tenían una gran importancia en el simbolismo judío. El azul representaba el cielo, y el rojo o púrpura, la Tierra. La combinación de ambos simbolizaba su encuentro o, en otras palabras, el de Dios y el hombre. Este simbolismo sería rápidamente asumido por el cristianismo, que adoptaría el púrpura para la representación del Mesías, significando con ello que el acceso al Santísimo (Dios) sólo era posible mediante la intermediación del Mesías.

El Santo o Santuario *(Heikhal),* a través del cual se podía acceder al *Kadosh Kadoshim,* podía ser traducido como «el palacio» o «la gran casa» (II Cró 3,5), pues debió ser el primitivo templo, pero pronto los judíos consideraron que un lugar frecuentado por sacerdotes no era lo bastante íntimo para Dios, por lo que de él derivaron el Santísimo. Sus dimensiones doblaban las de este, es decir, $20 \times 20 \times 20$ codos, lo que equivale a dos cubos adosados de $20 \times 20 \times 20$. Sus paredes estaban forradas con cedro, un árbol particularmente aromático, magnífico y suntuoso que rivaliza con la encina por el título de rey del bosque. En ellas estaban grabadas figuras de querubines, palmetas y flores, todas recubiertas de oro. El suelo estaba forrado del mismo metal y los marcos de las puertas, hechas de madera de olivo, sostenían hojas batientes de abeto.

El *Ulam*, o pórtico de entrada al templo, se hallaba situado en el lado este (I Re 6,3; II Cró 3,4; 9,7) y tenía una longitud de 20 codos, igual al ancho del templo, y 10 codos de largo (I Re 6,3). En II Cró 4,4 se añade la afirmación, errónea sin duda, de que su altura era de 120 codos (60 metros), lo que lo convertiría en una auténtica torre.

En el atrio y flanqueando la entrada se hallaban dos columnas aisladas y huecas hechas de bronce y con capitel lotiforme (al estilo egipcio), y en él había un reticulado de rejilla y unos lazos en forma de cadena; su perímetro era de 12 codos y su altura de 18, más los cinco del capitel (I Re 7,15-22; II Re 11,14; 23,3). No tenía una función estructural sino meramente ornamental y seguramente simbólica. La derecha se llamaba Yakín («que Yahvé lo haga fuerte»), y la izquierda, Boaz («de inteligencia aguda»); es decir, personificaciones de las cualidades humanas operativas por excelencia: fuerza e inteligencia.

Las cámaras laterales, que rodeaban el templo por los tres lados distintos a la fachada de entrada (I Re 6,5-10), formaban parte del edificio a modo de recubrimiento y eran utilizadas como almacén y habitaciones para los presbíteros. Al principio debieron ser de una sola planta y con el tiempo se añadieron dos más.

De acuerdo con la tradición bíblica, alrededor del edificio había dos patios. En primer lugar y rodeándolo se encontraba el «gran patio exterior»: su función era aislar el edificio del exterior y crear un entorno de silencio, paz y tranquilidad a su alrededor. Allí se reunía el pueblo para adorar a Dios (Jer 19,14; 26,2).

En el interior y rodeando el edificio se ubicaba el patio de los sacerdotes (II Cró 4,9), también llamado «el patio interior» (I Re 6,36), separado del resto del templo por un muro de tres hileras de sillares hechos de piedra tallada y coronadas por una hilera de vigas de cedro (I Re 6,36). Contenía el altar de los sacrificios (II Cró 15,8), el *mar de bronce* (4,2-5, 10) y diez aguamaniles (I Re 7,38-39, *véase más adelante*). Allí se reunía el pueblo para adorar a Dios (Jer 19,14; 26,2). Estaba revestido de oro y cerrado su acceso con cadenas áureas. Nuevamente aquí aparecen dos querubines de diez codos de altura y recubiertos de oro.

Además, todas las paredes estaban esculpidas con bajorrelieves que representaban querubines, palmas y guirnaldas (6,29). En general, la ornamentación se cuidó al máximo y no se escatimó oro ni maderas preciosas. Tal despliegue de riqueza sólo fue posible gracias a los onerosos impuestos, especialmente sobre el tráfico marítimo, que el rey imponía a su pueblo. La obra duró en total siete años (6,38).

En la imagen puede apreciarse que el cuerpo principal del templo era de forma muy ortogonal (fig. 26). Como hemos visto, la Biblia da unas dimensiones medias en un número exacto de codos que hay que suponer aproximadas, aunque han servido de base para realizar complicados cálculos. Más adelante volveremos sobre el tema.

Algunos dibujos presentan una escalinata de entrada y otra de acceso al altar de los sacrificios, cosa poco probable pues el pueblo judío era enemigo de ellas, como se ha comentado anteriormente («para que no se descubra en [los escalones] tu desnudez»), (Éx 20,26).

Conviene fijarse en la singularidad de las medidas del templo, que repiten, ampliadas, las del Tabernáculo, y que debemos suponer que son las interiores. La altura del cuerpo principal (el más alto) era de 30 codos y su anchura de 20 codos.

La longitud total era de 80 codos, de los cuales 10 correspondían al atrio exterior, 40 al santuario y 20 al Santísimo.

Debe suponerse que los 10 codos restantes pertenecían al cuerpo que rodeaba parcialmente el templo, destinado a «la edificación de tres pisos», en la que estarían las viviendas de los sacerdotes, almacenes y otras dependencias, y que por su menor altura permitía además la iluminación del edificio principal a través de las «ventanas» citadas. El ancho de esta ala serían los 10 codos restantes.

El área del Santísimo tenía la forma de un cubo perfecto, criterio que sirvió para fijar un canon estético y religioso a lo largo de la historia que fue utilizado en centenares de construcciones similares. Como su altura difiere de la del templo, el resultado ha sido que los investigadores han tenido que forzar su imaginación. Tal vez estuviera situado sobre una peana, a la que se accede nuevamente mediante una improbable escalera (otros prefieren situar sobre él un altillo que sería una extensión de las habitaciones complementarias). En su interior estaban situados, flanqueando el Arca, los enormes querubines comentados. El Santuario lo formaban dos cuadrados en planta y sus dimensiones eran proporcionales a 2 × 3 × 4 (ancho × alto × largo). Más adelante comentaremos el simbolismo de esas medidas. El día de su inauguración se celebró la mayor fiesta que viera Israel en muchos siglos. Los sacerdotes y los levitas trasladaron el Arca hasta el Santísimo bajo las alas de los querubines (I Re 8,7). Así hallaron acomodo definitivo las Tablas de la Ley que Moisés recogiera (o redactara) en el monte Sinaí.

Salomón pronunció un largo discurso (I Re 8,12-53) que empezaba así:

> 12. *Dijo Yahvé que en la tiniebla habitaría.*
> 13. *Te he construido, pues, casa donde residas, lugar de tu morada sempiterna.*

Las palabras de Salomón reflejan el deseo de inmortalidad para el templo como digna morada de su Dios. Por desgracia no resultarían proféticas, al menos referidas a este primer templo material.

Los accesorios del templo

Para realizar el culto se utilizaban numerosos accesorios, unos móviles y otros fijos, también minuciosamente descritos en la Biblia. Es muy interesante enumerarlos, pues cada uno de ellos refleja un aspecto de la vida y la mentalidad judías.

En primer lugar se hallaba en el patio exterior, como se ha dicho, el Altar para los Sacrificios, de características similares a las descritas al hablar del Tabernáculo. Sus dimensiones eran 20 × 20 × 10, es decir, la mitad del Sanctasanctórum.

Cerca de él se hallaba lo que en la Sagrada Escritura es denominado un *mar de bronce*, que probablemente hay que interpretar como un «depósito poco hondo». Su descripción (I Re 7,23-26) es:

> 23. *Hizo luego un mar de metal fundido de diez codos de borde a borde; era perfectamente redondo, de cinco codos de altura, y un hilo de treinta codos lo ceñía alrededor.*

24. *Por debajo del borde estaba orlado por coloquíntidas,*[8] *diez por cada codo, dando la vuelta a todo el mar. Las dos hileras de coloquíntidas habían sido fundidas a la vez que el mar.*

25. *Este descansaba sobre doce toros, de los que tres miraban a septentrión, tres a occidente, tres a mediodía y tres a oriente: el mar se asentaba sobre ellos, cuyas partes traseras todas [se volvían] hacia dentro.*

26. *Tenía el mar la altura de un palmo, y su borde semejaba al de una copa, a modo de flor de lirio; cabían en él dos mil bats.*[9]

En I Re 7,23-26 se detalla, en un párrafo que ha hecho correr mucha tinta, que el *mar* medía cinco codos de profundidad, 10 de diámetro de borde a borde y 30 de circunferencia, lo que contradice las leyes matemáticas. Más adelante volveremos sobre este punto.

Este *mar* descansaba sobre doce toros vueltos de espaldas a él (I Re 7, 23-26), y su capacidad sería de 2000 bats (80 m^3), aunque en II Cró 4,5-6 se amplía hasta los 3000 bats (120 m^3), aclarando que su finalidad era facilitar la purificación al permitir la inmersión en él de los sacerdotes: sin duda se trataba de una derivación de la pila destinada a las abluciones y la higiene ya presente en el Tabernáculo.

Este es un elemento ciertamente sorprendente en el ornato del templo. Al margen de los errores tanto en las dimensiones como en el cálculo de la capacidad (que serán comentados más adelante), sus características estéticas marcaron el gusto de generaciones tan alejadas como las que diseñaron la fuente del Patio de los Leones en la Alhambra de Granada (fig. 2), en el que estos están dispuestos en la misma situación que los toros del *mar*.

Otro complemento valioso de la construcción eran las basas o aguamaniles, que en número de diez estaban también dispuestos en el patio contiguo al templo y que los sacerdotes utilizaban para purificarse. Nuevamente las instrucciones son detalladísimas (I Re 27,39):

27. *Fabricó las diez basas de bronce, de cuatro codos de longitud, cuatro de anchura y tres de altura cada una.*

---

8. Planta cucurbitácea.
9. *Bat*: medida de capacidad equivalente a unos 40 litros.

28. La factura de las basas será la siguiente: constitúyanlas paneles insertos entre molduras.

29. Sobre los paneles que había entre las molduras se veían leones, reses vacunas y querubines, y lo mismo sobre las molduras; y por encima y por debajo de leones y reses vacunas había guirnaldas de flores a modo de colgantes.

30. Cada basa tenía cuatro ruedas de bronce, con sus ejes también de bronce; en los cuatro ángulos había unas ménsulas sobre las que descansaba el aguamanil; eran de fundición y frente a cada una de ellas estaban las guirnaldas...

No es difícil imaginar el aspecto de estos aguamaniles porque se han encontrado otros similares, pero su número da idea de la importancia y del personal con que estaba dotado el servicio religioso del templo.

Los aguamaniles, cada uno de los cuales podía contener «cuarenta bats», o sea, 160 litros (I Re 7,38), descansaban en receptáculos portátiles hechos de bronce y provistos de ruedas. Estaban, además, adornados con figuras de leones, querubines y palmeras. Es curioso el detalle casi microscópico con que son descritos (I Re 7,27-37). Estaban hechos de oricalco, un metal hoy en desuso cuya composición no se conoce con seguridad, pero del que se ha dicho que debía tratarse de una aleación de oro y cobre,[10] de cobre y latón o de cobre y zinc.

Una vez en el interior, en el Santo se conservaba el altar del incienso destinado a ser quemado en honor de Yahvé. Es uno de los muchos elementos heredados por el cristianismo.

Otro de los elementos, quizás el más misterioso, era el Urim y Thummim, palabras que conservan un sentido algo oscuro. Se trataba de unos elementos decorativos asociados con el pectoral que el sumo sacerdote vestía en las ceremonias solemnes, y que eran utilizados en la adivinación en general y en la cleromancia en particular.

En I Sam 14,41 se describe un proceso para identificar a un delincuente mediante la partición iterada del grupo en dos y la identificación del que lo contiene. Se realizaba, sin duda, de forma rígidamente ceremonial, es decir, vistiendo el sacerdote los ornamentos sagrados. En él algún tipo de objetos

---

10. Hipótesis improbable: el latín *aurichalcum* es derivación errónea del griego *oreichalkos*, de la raíz *oros*, «montaña», sin relación con el *aurum* («oro») latino.

debían indicar «sí» y otros, en cambio, «no», pero incluso debía haber algunos otros neutrales; la respuesta a una pregunta se debía obtener de forma aleatoria por el tipo de objeto extraído de una bolsa.

En el interior del templo, además del Arca de la Alianza se guardaban al parecer otros objetos. Las Tablas de la Ley, pero también la Biblia etiópica *Kebra Nagast*, afirman que se encontraban allí la «Medida del maná» y la Vara de Aarón:

> *Dentro [del Arca] hay un recipiente de oro que contiene la medida del maná que cayó del cielo; la vara de Aarón que floreció donde no había agua, rota en dos partes se convirtió en tres varas siendo originalmente sólo una.*

Se han realizado muchos estudios para entender este críptico pasaje. Algunos interpretan, mediante complicados artificios lingüísticos, que la «Medida del maná» se refiere a un meteorito similar a la piedra de la Kaaba. Esta interpretación se ha extendido incluso a las mismas Tablas de la Ley.

Por su parte, la Vara de Aarón era un elemento venerable entre los israelitas y símbolo de autoridad. Se correspondía con otra idéntica que poseía su hermano Moisés, aunque la de Aarón manifestaba a veces poderes propios. Al arrojarla al suelo ante el faraón se convertía, por encargo de Yahvé, en serpiente y, aunque este hechizo era igualado por los magos del faraón, la vara-serpiente de Aarón se las tragaba todas como signo de la superioridad de las fuerzas de Yahvé sobre otras cuya existencia no se negaba. Las exhibiciones con las varas habían sido el inicio de las plagas de Egipto ante la tozudez faraónica. Conservada por lo visto durante la travesía del desierto, la vara acabó alojada en el templo.

Frente al altar se hallaba el conocido como *Pan de la proposición* o *Pan de la presentación*, renovado continuamente como ofrenda simbólica a Yahvé. Su presencia es exigida en Éx 25,30 y constaba de doce hogazas de pan cocido de fina harina, dispuestas en dos hileras sobre una mesa situada «ante Dios» (o sea, según las regulaciones de los sacerdotes, en la parte norte del santuario, opuesto a la *Menorah*, con el altar del incienso entre ambos). Cada hogaza debía contener dos omers[11] de harina. Se ha especulado hasta qué

---

11. El omer, antigua medida de capacidad, equivale a 3,64 litros.

punto esta ofrenda pudo haber sido un precedente de la Eucaristía cristiana, aunque los estudios más recientes ven esta teoría con escepticismo. Sin embargo, no cabe duda de que la presencia de esta ofrenda se compagina difícilmente con el Sal 5,12:

> 12. *Si hambre tuviera no te lo diría porque mío es el orbe y cuanto lo hinche.*

Completaban el servicio del templo otros innumerables adminículos: palas para remover las cenizas del altar o para el incienso, cuchillos para los sacrificios, flores, lámparas, despabiladeras, copas, aspersorios, ceniceros, goznes para las hojas de las puertas, etc. Todo figura escrito con detallada precisión en el citado *Libro de los Reyes,* pero a menudo tuvo que ser importado, pues en Israel se carecía de hornos de fundición y talleres apropiados para fabricarlo.

El culto en el templo

El templo era el lugar de adoración de Yahvé, pero fundamentalmente era la institucionalización del ara de los sacrificios *(qorbanot),* eje de la religión judía que no lo entiende como ofrenda a Yahvé para el alimento de este, como si fuera un mortal, sino más bien como señal de sumisión (Sal 50,14):

> 14. *Ofrece a Dios ofrenda de alabanza*
> *y cumple al Altísimo tus votos.*

Desde el episodio de Abraham e Isaac estaba formalmente prohibido el sacrificio humano y se abominaba de los cananeos porque en ocasiones lo llevaban a cabo. Con el tiempo, el sacrificio fue tomando un carácter cada vez más abstracto, en el que lo importante pasó a ser la relación del oferente con Dios, siendo el objeto del acto un símbolo de esta, en la que se operaba una comunión entre el hombre y Dios, quien, debido a la aceptación de la ofrenda, tendía un puente entre el cielo y la Tierra como si fuera una segunda escala de Jacob. El ritual del sacrificio se fue haciendo con los años cada vez más complejo, hinchiéndolo más de plegarias, reverencias, pasos y todo tipo de prolegómenos hasta llegar a la muerte del animal; aunque en ocasiones se trataba, ya simplemente, de una mera aceptación de la ofrenda en forma de joya, objeto, mueble o simplemente alimento vegetal. Se distinguía entre los sacrificios de purificación (por ejemplo, para las parturientas), de reparación (para una falta cometida ante Dios u otro hombre) o el expiatorio, destinado a aplacar la cólera divina.

El culto en el templo era una institución terrenal dentro de un plan divino, que en el cristianismo prefiguraba el trabajo futuro de Cristo, pero que nunca podría proveer una completa reconciliación entre Dios y hombre (Hebreos 10,4). Por ello, sólo el sumo sacerdote podía traspasar el velo para acceder al Sanctasanctórum, y hacerlo sólo una vez al año, en el Día de Expiación (*Yom Kipur*, Lev 16,2-34; Heb 9,7). Sus actividades no eran secretas y se describen en Lev 16,2-34 con el detalle ya habitual en las instrucciones de Yahvé: la forma de degollar el novillo, de sahumarlo, de hacer las correspondientes aspersiones con su sangre, de celebrar ante el altar el rito expiatorio y de finalizar con el sacrificio del macho cabrío, entre otros complicados rituales.

De hecho, el «chivo expiatorio» sacrificado ese día concentraba la culpa, idea muy anclada en la mentalidad israelita, por lo que al parecer el animal era arrojado por un barranco (recordemos los cerdos despeñados por Jesús, Mc 5,11-13); esta costumbre parece haber perdurado en ritos similares celebrados en España hasta hace bien poco.

El templo en las costumbres litúrgicas de la región

Ciertamente, no era original ni la idea ni la construcción del edificio. La arqueología ha desenterrado otros que tienen similares características y se han revelado asombrosamente parecidos. Por ejemplo en Siria, el de Tell Tayinat (siglo x a. de C.), con su estructura tripartita, el velo, el incienso en los altares, el altar exterior, el *mar* e incluso las dos columnas ornamentales a ambos lados de la gran puerta de entrada.

No es sorprendente que los israelitas tomaran como modelo las experiencias existentes, tanto más cuanto un *ingeniero* fenicio, Hiram, se encargó de dirigir la construcción.

En la concepción religiosa israelita sí que había una cosa absolutamente original: la ausencia de imágenes. Israel, con su templo vacío sólo provisto de las huellas que Yahvé había dejado a sus elegidos (las Tablas de la Ley), proclamaba un tipo diferente de culto. Los ídolos, siempre sometidos al riesgo de ser confundidos con la misma divinidad, estaban ausentes del templo, y la idea de un Dios abstracto y todo espíritu triunfaba entre los pueblos. El monoteísmo iba a ganar carta de naturaleza en todo el mundo durante los siglos siguientes. Podría suponer una contradicción a lo dicho el más que probable hecho de que en el templo fuera adorada la serpiente de bronce, una escultura creada por Moisés durante la travesía del desierto que tenía la propiedad mágica de curar a quien había sido mordido por una de carne y hueso (Núm 21,4-9). Se argumenta que en ella se adoraba simbólicamente al Dios verdadero, pero no deja de ser una objeción grave contra el intransigente monoteísmo y simbolismo judío, y permite suponer que la convivencia entre ambas tendencias religiosas se dio durante bastante tiempo, por lo menos hasta Josías, rey de Judá, pese al intento posterior de eliminarla por los redactores de los libros sagrados (a varios siglos de los hechos, no lo olvidemos). El tema sigue en discusión todavía hoy.

En todo caso, Ezequías destrozó la serpiente de Moisés y contrarrestó la impresión que este acto provocaba en el pueblo afirmando que el objeto carecía de valor ritual: el monoteísmo absoluto se iba abriendo paso.

Evolución del templo de Salomón

El templo fue saqueado bastantes veces a lo largo de su historia. Paradójicamente en la mayoría de las ocasiones lo hicieron los mismos reyes, a fin de obtener recursos para pagar rescates o impuestos a poderosos vecinos que amenazaban el reino del sur (Judá). Por citar sólo las veces registradas en la Biblia:

• El rey Susaq o Sesaq de Egipto aprovechó los disturbios durante el reinado de Roboam, en torno a 933 a. de C. (I Re 14,25-26). Se llevó todo lo de valor e incluso los escudos de oro de Salomón tuvieron que ser sustituidos por escudos de bronce.

- El mismo rey Asá de Judá se lo llevó, en torno a 900 a. de C., para sobornar y persuadir al rey Ben Hadad I de Damasco para que viniera en su ayuda contra Basá de Israel (I Re 15,9-24), que amenazaba Jerusalén en su marcha.
- El mismo rey Joás del reino del sur (Judá), en torno a 825 a. de C., lo utilizó para poder pagar tributo a Hazael, rey de Damasco, que marchaba contra Jerusalén (II Re 12,17-18).
- El rey Joás del reino del norte (Israel), en torno a 790 a. de C., en guerra contra Judá entró en Jerusalén y saqueó todo el oro, la plata y cuantos objetos se hallaban en el templo, así como los del palacio real (II Re 14,14).
- El rey Ajaz de Judá, como antaño hiciera Asá, consiguió que el poderoso rey Tiglath Pileser de Asiria no llevara adelante su proyecto de ayudar al rey Pekaj de Israel (II Re 16,8;17-18), para lo que llegó a prometerle el levantamiento de un altar idéntico al del gran rey para presentar sus ofrendas. En esta ocasión, el templo sufrió otros daños tales como la destrucción de los listeles que orlaban las basas, el aguamanil, el mar de bronce y la tribuna del trono para el monarca, además de otros daños menores.
- El rey Ezequías de Judá se valió del templo para poder pagar al rey asirio Senaquerib los trescientos talentos de plata y los treinta de oro que este había impuesto al reino. También tuvo que arrancar las guarniciones de las puertas del santuario y las columnas que él mismo había recubierto de oro (II Re 18,15-16). Al menos, todavía consta que en ese momento (701 a. de C.) el Arca seguía en el templo.
- La última, que acabó con el mismo templo fue llevada a cabo por el rey Nabucodonosor de Babilonia, quien lo saqueó dos veces. La primera en 587 a. de C. y la segunda en el año siguiente, tras lo cual lo destruyó (II Re 24,13; II Cró 36,7) incendiándolo, y se llevó todo lo aprovechable a Babilonia (II Re 25,9-17; II Cró 36,19; Isa 64,11). Una pequeña parte del botín (los vasos sagrados) sería recuperada al final de la cautividad de Babilonia, al cederla el rey Ciro de Persia en 538 a. de C. (Esd 1,7-11).

Todo ello nos habla elocuentemente de una historia de Judá muy agitada y siempre acosada por poderosos enemigos. De hecho, el reino del sur estuvo durante estos siglos al borde de la extinción y hasta llegó a permanecer como una isla independiente —aunque en situación de semiprotectorado— respecto al poderoso imperio asirio.

En definitiva, cabría preguntarse si durante los tres siglos que Judá consiguió mantenerse como reino independiente no jugaron una parte decisiva las riquezas concentradas en el propio templo. Gracias a ello, este adquiriría, para los judíos, un nuevo valor simbólico como garante de la independencia del pequeño reino.

El templo, punto de convergencia espiritual del judaísmo

La tradición fue acumulando a lo largo de los años toda suerte de hitos y acontecimientos decisivos sobre el lugar donde se asentaba el templo. No sólo fue identificado con el monte del sacrificio frustrado de Isaac, sino con el lugar en el que Dios tomó el puñado de arcilla con el que formó a Adam, ahí donde tanto este como Caín, Abel y Noé ofrecían sacrificios a Dios e incluso donde estaba situada la era que David compró a Arauna, el jebuseo, para ofrecer allí sacrificios a Yahvé, aunque no pudo cumplir su deseo de edificar en esa zona un templo por tener «sus manos manchadas de sangre» por el episodio de Urías y Betsabé.

Huelga decir que todos estos puntos son muy controvertidos y hasta rechazados por los historiadores. Por ejemplo, los samaritanos situaban el lugar del sacrificio de Isaac en el monte Garizim, que era *su* montaña sagrada contrapuesta a la del reino de Judá. De hecho, hoy sigue siendo objeto de gran controversia el lugar exacto en el que se encontraba el templo, ya que la explanada de Haram ash-Sharif, que habitualmente ha sido aceptada como tal, es duramente rechazada por muchos investigadores.

Ante esta amplia diversidad de tradiciones, el templo se presentaba como el más atractivo polo del judaísmo, el místico lugar de unión entre el cielo y la Tierra, entre Dios y el hombre. Por ello, el templo era el punto de peregrinación anual del pueblo, representación simbólica de aquel monte Sinaí de donde bajaron las Tablas de la Ley, testimonio escrito de la voluntad de Dios en la Tierra. El templo reunía todas las cualidades, anhelos y frustraciones de los judíos, de manera que, a medida que las dificultades para la supervivencia del pequeño reino de Judá aumentaron, el agrupamiento del pueblo en torno a Yahvé tuvo como símbolo el templo.

Por otra parte, representó el lugar de aglutinamiento de la tendencia religiosa del momento. Hubo reyes «malos» que lo profanaron y permitieron en él la idolatría, y otros «buenos» que reorientaron la religiosidad hacia el Dios único, Yahvé. Incluso en algunas épocas llegó a permanecer cerrado, como durante el periodo anterior a Exequias, rey que realizó una de sus muchas restauraciones. Sin embargo, en todo momento, más allá de cualquier signo político-religioso dominante, el templo fue la punta de lanza espiritual del pueblo.

La constitución de la monarquía supuso una ruptura en la antigua teocracia israelita, y presidió un cambio en la conciencia religiosa que pudo separar las estructuras políticas para centrar su atención en el templo, la casa de Yahvé. Cobró toda su intensidad del Segundo Salmo:

6. *¡Pero yo he consagrado a mi Rey en Sión, mi santa montaña!*
7. *Publicaré el decreto de Yahvé. Díjome: «Mi hijo eres tú; yo mismo hoy te he engendrado».*

Con ello se configuró la Jerusalén portadora de una misión de alcance universal, representada por la lámpara perpetuamente encendida en el Santísimo en cumplimiento de lo dispuesto en el *Libro de los Reyes*: «Para que David, mi siervo, tenga siempre una lámpara ante mí en Jerusalén, la ciudad que yo he elegido para poner allí mi nombre».

El pueblo judío hasta el segundo templo

Israel y Judá

Roboam, el hijo de Salomón creado en el espíritu autocrático de su padre, hizo al ascender al trono caso omiso de las peticiones de los sacerdotes sobre lo inoportuno que eran tanto los impuestos como el predominio de la tribu de Judá sobre las restantes. Para ser aceptado como rey de las diez tribus del norte tuvo que desplazarse a Siquem a fin de someterse a una ceremonia equivalente a lo que sería hoy una jura de fueros, y allí tuvo que sufrir las quejas de los súbditos agobiados por los impuestos; quejas que desoyó con altanería.

A la larga el resultado fue una secesión en el reino: al sur la tribu de Judá y la de Benjamín, y al norte las restantes, formando el reino de Israel, con el rey Jeroboam al frente. Este intentó dar legitimidad a su reino y para ello levantó altares en Béthel y Dan, lugares santificados por haber estado en ellos en algún momento el Arca de la Alianza,[12] a la vez que permitió más o menos abiertamente el culto a otros dioses distintos a Yahvé. Estas medidas no sentaron muy bien a los monoteístas e hicieron que pronto surgieran profetas que adoptaron una actitud severamente crítica hacia los reyes de la nueva dinastía. No es extraña la hostilidad con que son tratados en los libros reyes como Acab, que por otra parte fue un buen monarca, y su esposa la «maldita» Jezabel, que había introducido el culto al dios Melkart.

---

[12]. Nótese que esta nomenclatura introduce una ambigüedad al ser denominado como «reino de Israel» el del norte, que en realidad sólo comprendía diez de las tribus israelitas. A mayor complicación, los nombres de los reyes se repiten en uno y otro reino. Para evitar confusiones, los designaremos siempre como «reino del norte» y «reino del sur».

La suerte de los dos reinos fue muy distinta. El del norte acabó conquistado por los asirios y sus habitantes integrados entre estos hasta perder su identidad. Por ello, los judíos o habitantes de Judá —que absorbió a su vez a la tribu de Benjamín— fueron considerados, gradualmente, como los verdaderos israelitas, de manera que ambas palabras acabaron por identificarse después del año 720 a. de C. aproximadamente.

El reino del sur duró unos cuantos años más; en él una dinastía de inteligentes reyes promovieron el comercio con Fenicia, Etiopía y Ofir, y supieron comprender claramente en el plano político su papel de «tapón» entre las grandes potencias asiria y egipcia: fueron capaces de obrar en consecuencia de forma inteligente y mantenerse neutrales en las luchas entre ambos o jugar la carta más favorable.

Así, Ezequías no sólo pudo resistir el sitio de Senaquerib sobre Jerusalén, sino que restauró el templo, que sufría los embates del paso del tiempo, e incluso emprendió obras públicas en Jerusalén, tales como fortificar las murallas o construir una obra que se revelaría decisiva para el futuro: la galería subterránea que unía la fuente de Guijón o Gihon con el estanque de Siloé. Josías, por su parte, redujo la creciente idolatría, restauró de nuevo el templo e incluso amplió el reino, aunque sus aventuras expansionistas acabarían, al final, costándole la vida.

Pese a todo, la decadencia prosiguió: el templo acabó saqueado por los egipcios, parte de la población judía fue cautivada y el último rey, Sedecías, fue el protagonista del final de Judá como Estado independiente a manos de los babilonios. El colofón a un destino personal particularmente cruel fue que vio morir a sus hijos en la batalla cerca de Jericó, y él mismo fue cegado y conducido con su pueblo a Babilonia.

Sin embargo, fue en el reino del norte donde aparecieron los primeros profetas, figuras admiradas por la rectitud de su vida que no vacilaban en erigirse en guías espirituales de sus comunidades. Hoy los consideraríamos simplemente unos santones apocalípticos, pero realmente jugaron un gran papel en unos momentos en que la identidad del pueblo judío se tambaleaba. El episodio del rey Acab, su esposa la reina fenicia Jezabel y la viña de Neboth es muy significativo: el matrimonio real, indignado por la negativa de Neboth a venderles su viña, decidió matarlo para hacerse con ella, por lo cual fue duramente criticado por el profeta Elías. El episodio hay que verlo como un conflicto entre el poder omnímodo del soberano y los preceptos morales que representaba el profeta. Tanto Acab como su esposa sucumbirían trágicamente y el castigo de Yahvé indica bien a las claras que las cosas estaban cambiando en Israel.

El reino de Judá, contaminado por las costumbres de los pueblos vecinos, se iba hundiendo en la idolatría, y fueron finalmente los profetas, especialmente Elías y Eliseo, quienes consiguieron hacerle superar una de sus grandes pruebas al rechazar una adecuación entre la religión de Israel y el sistema general imperante en Siria, de tendencia sincrética. Israel se confirmaba una vez más como el ferviente seguidor de su Dios único, superando las tendencias idólatras y permaneciendo fiel a su misión. Amós (siglo VIII a. de C.) nos proporciona explícitamente esta visión histórica como interpretación del desarrollo de la voluntad de Yahvé en manos de su pueblo.

El rey asirio Tiglath Pileser III destruyó, como se ha dicho, el reino israelita del norte y puso en marcha la estrategia de la exterminación de pueblos como medio para aniquilar las resistencias nacionales. Parece que desplazó nada menos que a cien mil personas pertenecientes a las llamadas «tribus perdidas de la casa de Israel», dando quizás el mayor golpe de su historia al pueblo judío. Aparecieron leyendas que las situaban en algún lugar remoto de Asia o África, y que decían que algún día retornarían, poderosas, para rescatar a los judíos (o cristianos, según quién ideara la leyenda) de sus opresores. En todo caso, como veremos, sí que hubo algo de realidad en esas leyendas.

Algunos de los que pudieron subsistir en el reino del norte se mezclaron con otras etnias hasta dar lugar a los llamados «samaritanos», pueblo despreciado por los auténticos judíos no sólo por esta circunstancia, sino por haber olvidado por completo su intransigencia frente a la idolatría, como se entrevé claramente todavía en los Evangelios, donde la samaritana le dice a Jesús: «Vosotros decís que es Jerusalén el sitio donde hay que adorar» (Jn 4,20). Curiosamente, la ortodoxia de Judá se comportaba a menudo con mayor hostilidad hacia ellos que hacia los verdaderos paganos.

De hecho, el reino del sur se consideró siempre como el «auténtico» por comprender en sus límites la ciudad de Jerusalén, y porque con ocasión de una guerra se apresuró a destruir el «templo» de Béthel, con el que el del norte había querido también legitimarse como casa espiritual de los judíos.

Así quedó convertido en el único depositario de las esencias judías y el templo en el vínculo religioso único para el *yahveísmo*. A mayor abundamiento, cuando su rey Azarías u Ozías pretendió restaurar la costumbre de presidir las ceremonias del templo, se enfrentó con la férrea oposición de los sacerdotes, y la lepra que sufrió fue considerada como un castigo divino y selló la independencia de la clase sacerdotal frente a la política.

Pese a la imagen de fe monolítica que intentan transmitir los libros sagrados sobre esa época, el templo sufrió deterioros y, peor aún, profanaciones, especialmente durante los reinados de Manasés y Amón, buenos reyes como gobernantes, pero excesivamente tolerantes con otros cultos, por lo que la historia judía yahveísta los juzga con severidad. Estamos hablando de un periodo algo oscuro, en el que no es fácil ocultar en las crónicas de la época que el pueblo judío no era tan monoteísta como la historiografía posterior pretende hacernos creer. Los ritos de la época, tan opuestos a los propios del templo, dejaron en las generaciones posteriores un horror por la palabra *gehenna*, nombre de un torrente al sur de Jerusalén, donde se celebraban tales ceremonias. La situación, como se ha avanzado, se normalizó a partir del monarca Josías, quien consiguió convencer a su pueblo de que el templo, con su *ariel* o «Altar de Dios», poseía poderes mágicos protectores de la ciudad... aunque el mismo rey resultó muerto en un encuentro frente a los egipcios en Megiddo, lugar decididamente nefasto para los judíos.

De todos modos, la desaparición de las diez tribus, y en especial la del reino del sur, aportó a los judíos la conciencia de que la monarquía y sus proyectos políticos habían fracasado, devolviéndoles la idea de que dependían, pura y simplemente, de Dios. Desde esos momentos se aferraron a Yahvé como única forma de consuelo a sus tribulaciones, y el hecho de haber superado una y otra vez las tendencias idólatras les confirmó su convencimiento de ser el pueblo elegido.

Los babilonios y el destierro

El reino de Judá había conseguido permanecer como una isla rodeada por el imperio asirio. En él las medidas para suprimir cualquier atisbo idólatra y volver a la auténtica fe fueron tan intensas que se eliminaron símbolos tan ancestrales como la serpiente de bronce y, seguramente, el Arca de la Alianza. Pero esa situación cambió drásticamente cuando finalmente cayó el imperio asirio. Entonces, entre las contramedidas adoptadas por Israel aprovechando el vacío de poder se contó la ya comentada demolición de Béthel para asegurar el monopolio espiritual de Jerusalén. Siguió un periodo de guerras con Egipto, que, tras vencer en Meggido, consiguió imponer reyes títeres, hasta que llegó finalmente la catástrofe de 586 a. de C. Un nuevo poder se había constituido: Babilonia. Esta vez la Ciudad Santa fue saqueada, arrasada y demolida, y con ella el templo: sus columnas fueron llevadas a la ciudad conquistadora como trofeo de guerra y el mar de bronce destrozado.

La mayor parte de la población fue enviada a Mesopotamia e instalada junto al río Kebar, uno de los mayores canales que enlazaban las llanuras babilónicas, donde permanecieron más de medio siglo. La situación entre los que se quedaron tampoco fue buena; incluso un pequeño grupo al que se había permitido permanecer en Mizpa tuvo que acabar huyendo a Egipto, el antiguo país opresor. La lírica se adormeció y fue sustituida por un lamento por Jerusalén que, con intermitencias, duraría dos mil quinientos años. Sólo quedó la *Torah* como vínculo de alianza y la nostalgia de Jerusalén en el recuerdo.

No hay muchas referencias sobre este periodo de cautividad, pues la literatura que se refiere a él tiene un carácter más ejemplarizante que histórico, pero sabemos que fue el gran referente de la identidad nacional pues se consiguió mantener viva la fe como único asidero frente a todas las tribulaciones. A falta de templo se estructuró la oración y la práctica religiosa en la visita a la *kneset* («sinagoga»), y apareció la conciencia mesiánica de que llegaría un momento en el que los judíos volverían a su tierra.

La visión de Ezequiel

Data de esa época una extraña visión del profeta Ezequiel que parece transmitir la idea divina sobre el papel que espiritualmente seguía teniendo el templo.

Al principio del *Libro de Ezequiel* (1,5-14), su autor narra la portentosa visión de algo parecido a un extraño vehículo junto al río Kebar, cerca de

Nippur, que al parecer le confirmó en su misión profética. Su fantástico y arrebatado relato, el más extraño y difícil del Antiguo Testamento, ha dado lugar a copiosa literatura relacionada incluso con la ufología. Veamos:

> *5. Del centro del mismo [emergía] la figura de cuatro seres, cuyo aspecto era el siguiente: tenían semejanza de hombre.*
>
> *6. Cada uno poseía cuatro caras, y cuatro alas cada uno de ellos.*
>
> *7. Sus pies eran rectos, y la planta de sus pies era como la planta del pie de un ternero, y resplandecían cual bronce bruñido.*
>
> *8. Por debajo de sus alas tenían manos humanas a los cuatro lados, y los cuatro poseían las mismas caras y alas.*
>
> *9. Sus alas estaban juntas unas a otras; al caminar no se volvían, sino que cada uno marchaba de frente.*
>
> *10. El aspecto de su rostro era de hombre y de león a la derecha en los cuatro, y de toro a la izquierda de los cuatro, y rostro de águila para los cuatro.*
>
> *11. Sus alas estaban desplegadas hacia lo alto, y cada uno tenía dos que se tocaban las del uno con las del otro y dos que cubrían su cuerpo.*
>
> *12. Cada uno caminaba derecho hacia delante. Hacia donde el espíritu les impulsaba se dirigían, sin volverse al marchar.*
>
> *13. En medio de tales seres aparecía una visión como de brasas de fuego ardiente, como visión de antorchas que discurría de acá para allá entre seres animados; y el fuego resplandecía y del fuego salían relámpagos.*
>
> *14. Y los seres iban y venían a modo del relámpago.*

Concluye Ezequiel (1,28): «Esa era la visión de la imagen de la gloria de Yahvé».

Esta visión del *merkavah* («carro»), que algunos han llegado incluso a interpretar como una nave extraterrestre, ha sido estudiada una y mil veces, e incluso se han ofrecido representaciones gráficas de cómo pudo ser.

Los seres descritos se han identificado a menudo con los querubines, con su cuadruplicidad de alas, aunque también han proporcionado imágenes para los cuatro evangelistas cristianos (Ap 4,6-8). De hecho, estos seres han recibido en muchas representaciones forma de toro y aun de león, lo que complica la idea de lo que pudieron ser los querubines. En particular, contrastando esta visión con otra descripción de la misma más adelante (10, 18-22), en la que el «toro» aparece sustituido por el «querubín», algunos han deducido que estos eran toros alados. En el resto de la visión se dan otros complicadísimos detalles, ciertamente difíciles de casar, sobre el «carro» de los cuatro seres sobrenaturales.

El único detalle que persiste en todas las descripciones son las alas.

Entre las muchas interpretaciones que se le han dado, la que tiene más adeptos es la que habla del «vehículo» como un descenso de Dios sobre la Tierra, lo que permite ver el cielo y sus seres. Los analistas judíos exploraron el sentido de la visión como una prefiguración de la «Jerusalén celeste».

La visión de Ezequiel debe considerarse en el contexto de un amplio simbolismo. El carro celestial *(merkavah)* es el medio por el cual el trono de Dios desciende a la Tierra, para que los humanos puedan contemplar su gloria y ascender al cielo, tal como hizo Elías. En otras palabras, el *merkavah* era un templo móvil que realizaba una especie de movimiento incomprensible (las ruedas giraban en sentidos perpendiculares a la vez). Sólo puede intuirse esto como la descripción de unos mundos inefables que, más allá de la percepción sensorial y aun de la intuición, son fragmentos de imposibilidades lógicas.

El regreso

Por fin, los cautivos en Babilonia consiguieron volver a su patria. La literatura de la época cuenta el conocido episodio de la mano de fuego escribiendo en la pared las fatídicas palabras *Mené Mené Tekel U frasib* como preludio de la destrucción del reino de Baltasar. Una ciudad que había llegado a tener 500 km^2 iniciaba su decadencia y un nuevo poder emergente, Persia, la destruía hasta sus cimientos junto a su imperio, mientras establecía un nuevo régimen para los que vivían en él.

El imperio persa dejó pequeño a todos los anteriores. Tenemos de su fundador, Ciro, una buena imagen, posiblemente debida a los propios judíos, que lo veían como un monarca noble, misericordioso y amante de la libertad de sus súbditos. Sin embargo, eso no se compagina del todo con su actuación como conquistador y dominador de tantos territorios en tres continentes, desde la actual Bulgaria hasta Irán, y desde Egipto hasta las llanuras del

Turquestán. Pero con los judíos sí que se portó bien, y publicó un edicto en el que les daba permiso para regresar a su tierra (538 a. de C.). Más aún: en la misma disposición les permitió reconstruir su templo.

Muchos historiadores ven en esta clemencia un acto de astucia política: era interesante para Persia crear un «estado tapón» frente al peligroso Egipto, siempre ansioso de recuperar los territorios que había perdido a manos del nuevo imperio. En todo caso, unos 50 000 judíos regresaron, aunque otro número igualmente importante decidió permanecer en las llanuras babilónicas, creando una nueva rama del judaísmo con tanta entidad histórica como la de los que decidieron volver.

Desde luego, los judíos que regresaron podían residir en su tierra, pero sometidos a los babilonios y sujetos a contribuciones a favor de los persas, a las que se añadieron otras nuevas, como el llamado «tributo del templo», un impuesto personal que pagaba todo israelita varón para el sostenimiento del culto público en Jerusalén. Anteriormente, el mantenimiento del edificio había estado a cargo de los reyes, pero en la nueva situación económica el pago establecido fue de medio siclo, equivalente a una didracma.

El primero de los nuevos gobernadores fue Zorobabel. Este se aplicó a la reconstrucción del nuevo templo, cuya legitimidad simbólica había sido restaurada por Sesbasar, último descendiente de la casa de David, quien puso los cimientos. Estas obras causaron, en contra de lo que podría esperarse, no pocos problemas por el choque de mentalidades, pues mientras los recién llegados se consideraban los auténticos propietarios del lugar por legitimidad histórica, para los residentes no eran más que unos intrusos deseosos de introducir extrañas costumbres religiosas en las prácticas idólatras que ellos habían seguido cultivando durante el destierro. De hecho, la hostilidad de los samaritanos consiguió incluso detener al principio las obras (Esd 4,24).

Pocas noticias tenemos del nuevo edificio, aunque sabemos que desde luego no fue tan magnífico como el de Salomón. Según un antiguo documento, la *Carta de Aristeas*, parece que se respetaron las dimensiones del templo antiguo, aunque no fue construido con la misma magnificencia ni con unos materiales tan costosos. En Esd 1,7-11 se comenta que pudieron aprovecharse algunos vasos sagrados devueltos por Ciro, pero que casi todo se había perdido; desde luego, también el Arca de la Alianza y las Tablas de la Ley, aunque es posible que desde mucho antes. Sin embargo, lo esencial era que la obra se había recuperado y la profecía que auguraba su reconstrucción se había cumplido. Todo el recinto medía unos 50 × 150 metros, aunque sólo una pequeña parte de él estaba edificado.

A pesar de todo, no faltan noticias de que Israel intentó esmerarse en el nuevo edificio. Tenía adornos de oro e incluso, en algunos aspectos, parece que superaba al primero, por la cantidad de «árboles plantados en el patio», de los que carecía aquel. Además contó con la novedad de disponer de un espacio en el patio exterior destinado a los prosélitos del judaísmo. Este uso sería heredado por los cristianos en su atrio de los catecúmenos.

El templo fue consagrado mediante los *qorbanot* de rigor entre grandes fiestas de todo el pueblo (Esd 6,16). Pero, más que el esplendor, Israel necesitaba manifestar su regocijo por la vuelta a la patria y, sobre todo, la afirmación de la grandeza de su Dios y de su perduración como pueblo, concretada en la existencia de un edificio donde de nuevo habitaba Yahvé. Esta afirmación espiritual fue completada por la propia afirmación política en cuanto obtuvieron permiso para reconstruir las murallas de Jerusalén.

Quizá como consecuencia del conflicto de ideas, parece que en esta época se redactaron la mayor parte de los libros de la Biblia, como si los judíos hubieran tomado conciencia, ante las nuevas dificultades, de que era precisa la conservación de la herencia de Yahvé por escrito. Por tanto, el exilio babilónico no es meramente una pausa en el desarrollo del pueblo judío, sino un momento crítico de la evolución de su religión monoteísta, de la que surgirían más tarde el cristianismo y el islamismo.

El helenismo

El dominio persa continuó varios siglos, y probablemente fue en ese periodo cuando empezó a redactarse la que ha sido llamada *La Torah*, el corazón del judaísmo, que comprende la epopeya de los primeros tiempos, recogida en cinco libros: Génesis, Éxodo, Números, Levítico y Deuteronomio. Los posteriores traductores griegos la llamarían *El Pentateuco*, una obra que con el tiempo iría recibiendo nuevas aportaciones hasta formar lo que los cristianos llamamos *El Nuevo Testamento*. El estudio continuo de la *Torah* dio paso a la forma escrita y codificada de la religión judía.

Los imperios continuaron sucediéndose. Alejandro Magno se adueñó del persa en su totalidad para fundar el suyo propio, el más extenso que conocieran los siglos, una minúscula parte del cual era Judea, que a partir de ese momento quedó bajo la influencia helenística, no sólo política sino también culturalmente. Cuenta la leyenda que Alejandro honró al sumo sacerdote que había de turno en Jerusalén, probablemente una bella ficción que cuadraría con el carácter del personaje, respetuoso con la idiosincrasia de los pueblos conquistados. A partir del año 320 a. de C. Judea pasó a ser gobernada por la dinastía de los Ptolomeos, aunque, en realidad, el poder efectivo seguía siendo ejercido, como antaño, por los sacerdotes.

En ese periodo aparecieron nuevas ideas que se planteaban de una manera más razonada la relación entre el hombre y Dios, y el judaísmo acrítico se resintió de forma inevitable. El humanismo helénico siempre constituyó, de hecho, una grave amenaza para la fe judía, pues en el terreno religioso la herencia griega tendía, no ya al politeísmo mitológico, sino incluso al sincretismo, visto por los judíos ortodoxos como más peligroso que la simple idolatría. Sin embargo, algo bueno se derivaría de esta situación: a medida que el griego, lengua de inmenso prestigio cultural, iba sustituyendo al hebreo —o, mejor dicho, al arameo, que había devenido ya lengua común en Judea— fue creciendo la idea de elaborar una traducción de las Escrituras a aquella lengua; a fin de cuentas, en Alejandría se había constituido una comunidad judía más poderosa que la de la patria de origen. De esta forma surgió la Biblia de los Setenta con la pretensión de cubrir dos frentes: proporcionar a los judíos de educación griega una versión fiable de las Escrituras y permitir a los maestros helénicos un acceso directo a los libros hebreos.

Como mecanismo de reacción la sociedad judía se hizo más rígida. Los *cohen* («sacerdotes») y levitas tendían a convertirse en castas cerradas mediante la práctica sistemática de la endogamia, y entre el pueblo laico no tardó en surgir un coro de voces que abogaban por alcanzar un compromiso con el helenismo triunfante. El resultado fue que Jerusalén se fue convirtiendo en una ciudad cada vez más griega. Se construyó un gimnasio y los jóvenes se vestían y embellecían a la moda helénica. El punto de mayor declive en la tradición hebrea se alcanzó cuando el mismo templo llegó a dar cabida a los ídolos y a la práctica idólatra.

En el año 204 a. de C. Israel volvió a cambiar nuevamente de dueño cuando Antíoco, rey de Siria, arrebató Judea a Ptolomeo V. La dinastía seléucida se imponía en Judá en medio de ese continuo vaivén entre Egipto y Asia. La presión que desde el primer momento se ejerció contra el judaísmo revertió en el afianzamiento de algunas normas concretas, como, por ejemplo, la rigurosa observancia del *sabbath* («sábado»), día de descanso del Señor en su labor creadora del mundo según el Génesis; este y otros detalles fueron los que empezaron a separar a los judíos ortodoxos de los partidarios de la helenización.

Aunque Judea había pasado a formar parte del reino seléucida, se produjo, de hecho, muy poca interferencia en la autonomía del gobierno judío hasta el reinado de Antíoco IV (175-164 a. de C.), quien acabó con la secular teocracia al deponer al sumo sacerdote Onías y trató de convertir Jerusalén en una *polis* griega con el nombre de Antioquía de Jerusalén. La afrenta llegó al máximo entre los judíos cuando vieron que Antíoco se proponía convertir su religión en una variante del helenismo, identificando a Zeus con Yahvé y erigiendo al dios olímpico una estatua en el templo (I Mac 1,57). Entre los años 167 y 165 a. de C. la profanación mediante estos nuevos cultos por orden del rey seléucida llegó a su punto álgido: el judaísmo fue puesto fuera de la ley y en el altar del templo fueron sacrificados cerdos, es decir, se produjo la máxima profanación imaginable. Siguieron otras disposiciones igualmente vejatorias, como la quema de cuantos ejemplares pudieran hallarse de las Escrituras judías y la prohibición de la circuncisión y las normas dietéticas hebreas. Transgredir estas normas podía ser castigado con la pena capital. Jamás como en aquel momento se había sentido tan humillado el pueblo judío.

La reacción llegaría de la mano de los hermanos Macabeos, máximos héroes patrióticos judíos que, en realidad, protagonizaron una guerra de liberación ideológica más que política. El sumo sacerdote Matatías, que encabezó la revuelta, lo pagó con su vida. La contienda es presentada en las Escrituras con caracteres de revuelta nacional, aunque este tipo de lustres patrióticos siempre aparecen en el recuerdo de todas las guerras finalmente ganadas. Los Macabeos tuvieron que imponerse, dentro de su propio bando, a facciones intestinas rigurosamente observadoras del *sabbath* que ni siquiera aceptaban luchar ese día que, por supuesto, sus enemigos elegían para organizar sus ataques.

Judea tuvo suerte, pues otro frente abierto en Partia exigió más la atención de Antíoco que la revuelta judía, estratégicamente menos relevante. Aunque los hermanos Macabeos cayeron uno a uno frente a los enemigos, la semilla de rebelión sembrada germinó, al menos parcialmente, en zonas independientes del imperio seléucida. La fiesta de la *Hannukkah* («Consagración»), simbolizada en el calendario de los nueve brazos, recuerda todavía esos heroicos tiempos.

Durante la guerra civil Jerusalén fue tomada y el templo profanado, pero la resistencia continuó hasta el momento de la constitución de una monarquía independiente que trataría de reverdecer los laureles salomónicos. Judea fue de nuevo independiente, pero hubo que abandonar el templo hasta que volviera a purificarse mediante un laborioso ritual. Las ceremonias de reparación de las profanaciones fueron históricas. El vencedor, Judas Macabeo, eligió sacerdotes no comprometidos con las autoridades seléucidas, desmontó el altar profanado y enterró sus piedras (I Mac 4,52-56). Para reforzar el simbolismo de la reparación, se eligió para la ceremonia el día en que se cumplían tres años y medio de la profanación de Antíoco IV (la conquista de Jerusalén). Desde entonces el número 3 y ½ goza de un fuerte simbolismo en el mundo judío. El *Libro de Daniel*, compuesto en esa época, se refirió al hecho, como si se tratara de una profecía, empleando el lenguaje apocalíptico que tanto abundaría en los textos judíos:

> 7,25. *Hablará [Antíoco IV] palabras arrogantes contra el Altísimo… y pretenderá mudar los tiempos y la ley. Aquellos [el templo y los judíos devotos] serán entregados a su poder por un tiempo [un año], dos tiempos [dos años más] y medio tiempo [medio año más].*

Una nueva dinastía, la de los asmoneos, descendientes de los macabeos, iniciaba su andadura y pronto Israel alcanzó nuevas cotas de poder… muchas veces a costa de sus vecinos. Se dio la paradoja de que los judíos, que defendían una ideal práctica religiosa, acabaron obligando a los pueblos sometidos a aceptar su religión. En aquellos tiempos nuevos colonos judíos empezaron a entrar en Galilea, territorio del norte que había sido de las antiguas «tribus perdidas», pero sus moradores continuaron siendo gentiles en su mayoría. Allí nacería, siglos más tarde, Jesús de Nazaret, que como todos sus compatriotas fue visto siempre con suspicacia pese a su indudable judaísmo.

Pronto se impuso un nuevo poder. En efecto, el brazo de Roma era muy largo y en el año 63 a. de C. toda la región oriental del Mediterráneo cayó finalmente bajo su dominio, incluyendo Judea. El Sanctasanctórum del templo fue profanado de nuevo, y Judá tuvo que iniciar un nuevo periodo de reflexión. Unos territorios fueron anexionados directamente, otros pervivieron como Estados «clientes», Estados satélites diríamos hoy, formalmente independientes, pero donde se hacía lo que decidía el procónsul establecido en Damasco. Entre estos se halló Judea.

La esperanza en el Mesías

Judea era formalmente independiente bajo el dominio de Roma, pero ningún país pequeño puede soñar con serlo de forma real, al menos mientras está en la órbita de poder de otros más poderosos. Egipto, el imperio seléucida y finalmente Roma jugaron, cada uno en su momento, un papel poderoso; frente a ellos, Judea era, en el s. I a. de C., un Estado «cliente» de las grandes potencias... que era, además, consciente de serlo. Esta situación era sentida por el pueblo, que, como siempre, continuaba esperando un Redentor, un Mesías que lo liberaría de tanta servidumbre y frustración.

¿De dónde había surgido la idea? En realidad, es posible rastrear en las Escrituras un permanente sentimiento de esperanza en Yahvé como solución a sus problemas y salvador continuo del pueblo judío. Ya Eva había dicho en el nacimiento de Set: «Yahvé me ha dado otro descendiente en lugar de Abel, a quien mató Caín» (Gén 4,25), con lo que manifestaba la confianza en el poder de Dios. No obstante, la idea mesiánica, como restauración por gracia de alguien providencial enviado por Dios, fue explícitamente enunciada por los profetas. Amós, el más antiguo (750 a. de C. aproximadamente) reprendió al pueblo por haber dejado degenerar en él la conciencia de su elección y sus esperanzas mesiánicas (5,18 y ss.). Por eso, el anhelado «día de Yahvé» será para ellos «tinieblas», «ruina inevitable» y no «luz». La idea se mantuvo a lo largo de todo el milenio con mayor fuerza cuanto más descendía la autoestima del pueblo judío como resultado de sus continuas tribulaciones.

En consecuencia, fue divulgándose la idea de que el Mesías se identificaría con un nuevo «rey» ideal que no había venido todavía, pero de advenimiento seguro; en él se concretaría la esperanza en Yahvé como liberador de Israel en espera de que este hubiera purgado sus pecados.

La situación era complicada. Por un lado había un pueblo resentido pero ingenuo y poco consciente del inmenso poder de Roma; por otro, una minoría política capaz de guiarlo con su apoyo y evitar la catástrofe que acarrearía una rebelión abierta contra la gran potencia del futuro en todo el Mediterráneo. La empresa necesitaba la habilidad de un político consumado que supiera hacer frente a la nueva situación y salvar la identidad del pueblo judío.

Herodes el Grande

En estas circunstancias surgió Herodes (73-74 a. de C.), rey de Galilea protegido por Roma, un asmoneo por vía materna que, gracias a su matrimonio con Mariam, legitimó sus aspiraciones al trono judío frente a los recelos de los judíos con pureza de sangre. Sería el restaurador de la pasada grandeza de Judea que surgió providencialmente.

Herodes el Grande es la única figura política judía comparable a Salomón, capaz de realizar las mayores proezas en aras a la gloria y esplendor de Israel, pero también de las mayores iniquidades en el plano político y personal. El trono hubiera tenido que corresponder, por derecho, a su cuñado Aristóbulo, pero su minoría de edad hacía difícil que pudiera asumir el poder en unos momentos políticamente tan difíciles. Ambos acudieron a Roma para solicitar, de hecho, la asignación de la corona a uno de los dos. Marco Antonio, a la sazón máximo gobernante, dispuso, más allá de cualquier cuestión dinástica, que la corona judía fuera concedida a Herodes, al que vio más capacitado.

La figura política de Herodes es comparable a la que Maquiavelo describiría muchos siglos más tarde en su obra *El Príncipe*. Astuto como una serpiente, supo hallar en todo momento el protector adecuado. Tras el asesinato del primero de ellos, César, supo congraciarse con Marco Antonio, y cuando la estrella de este se apagó cambiaría, con sencillez pero sin ningún tipo de servilismo, hacia Octavio, afirmando que él «no era amigo de las personas, sino de Roma». Fruto de su astucia fue la consolidación de un régimen muy favorable a Judea, pues a cambio de su papel subordinado y de delegar su política exterior consiguió el título de *Rex amicus et socius populi romani*, lo que le eximía de pagar impuestos, albergar guarniciones romanas y le permitía, además, tener su propio ejército.

En realidad, si ascendió al trono mediante la intriga, lo consolidó mediante el asesinato, sin retroceder ante el del rey, el de su cuñado o el de su propia esposa; su vida fue un tejido de traiciones y engaños, y su corte un hervidero de intrigas. Unos años después, su despechado cuñado Aristóbulo, ya mayor de edad, adquirió el título de sumo sacerdote y, junto a su hermana Mariam, esposa de Herodes, que había tenido acceso a un comprometedor documento, empezó a conspirar contra su cuñado. Pero este no vaciló en hacer asesinar a ambos. La leyenda de los inocentes que surgió a raíz del anunciado nacimiento de Jesús el Salvador es una invención posterior, pero el hecho de que llegara a forjarse indica hasta qué punto se le creía capaz de una monstruosidad semejante.

Sin embargo, nadie como este controvertido personaje hizo tanto por Judea, pues así era conocido ya el país por los romanos de la época. Para complacer a Octavio, el nuevo dueño del Imperio, construyó, sin importarle las críticas judías, Cesárea, una ciudad al gusto y estilo romanos, dotada del primer puerto artificial del mundo, y cuyas ruinas todavía sobrecogen por su magnificencia y precisión. Podríamos compararla, sin exageración alguna, con algunos antiguos enclaves de Estados Unidos, como el canal de Panamá. Otra muestra de su afán constructor fue la ciudad de Herodium, levantada en la cima de una colina artificial y obra maestra de la ingeniería, un suntuoso palacio dotado de estanques en pleno desierto al pie de una fortaleza inexpugnable. Masada, que jugaría otro importante papel un siglo más tarde, era una plataforma en la cima de una colina que él construyó y también fortificó; sería una última posición a la que nunca tuvo ocasión de recurrir.

Tras la destrucción del año 586 a. de C. y desaparecidas las Tablas de la Ley sólo una burda imitación usurpaba para sí el nombre de templo, así que Herodes se propuso restablecer este símbolo milenario de su pueblo que lo convertiría en un auténtico judío. Herodes se atrevió, como colofón de su reinado, con la magna empresa pendiente para los judíos: la reconstrucción completa y magnificente del templo que alcanzó un nivel muy superior al de Salomón. Fue su obra maestra, la obra culminante de su vida.

No se sabe si buscaba con ello hacerse perdonar sus crímenes, plasmar su afán megalómano o simplemente rendir un servicio a Yahvé y a Israel. En cualquier caso respetó completamente las costumbres judías: ni aun siendo el rey podía tener acceso a su Sanctasanctórum, que era de uso exclusivamente sacerdotal. Pero, como si se tratara de un aviso del poder secular al religioso, rodeó el edificio de una amplia galería desde la que podía observarlo, controlarlo y, llegado el caso, dominarlo. Este sería el templo del que Jesús expulsaría a los mercaderes, ante el que lloraría por su futura destrucción y cuyo velo se rasgaría a la muerte del Redentor.

La muerte de Herodes se produjo tal como aparece narrada en la Biblia, es decir, solo y aislado en Herodium, y castigado por crueles enfermedades. Tras su desaparición, Roma organizó nuevamente el territorio palestino en provincias gobernadas por tetrarcas elegidos por ella. Uno de ellos, el de Galilea y Perea, acabaría siendo el propio hijo de Herodes que cambió su nombre por el de su padre: es el conocido Herodes Antipas, que gobernó en Judea en tiempos de Jesús y fue el responsable de la muerte de Juan el Bautista.

¿Cuántos templos hubo en Jerusalén?

Antes de seguir, convendría dedicar unas líneas a contestar esta pregunta en apariencia sencilla. No cabe duda alguna de que el primer templo o templo de Salomón fue el construido por este rey hacia el año 950 a. de C. Fue destruido en 586 a. de C. por los babilonios, que consumaron la catástrofe deportando a los judíos a su tierra, y el emplazamiento continuó sin edificar —aunque esporádicamente dedicado al culto— hasta que Ciro autorizó la construcción de un nuevo templo, comúnmente llamado de Zorobabel.

¿Fue este el segundo templo? En rigor no, pues un grupo de judíos implicados en la diáspora y procedentes del desintegrado reino del norte (Israel) había construido uno en la isla de Elefantina, en Egipto. Sin embargo, los restos del reino del norte o las «tribus perdidas» nunca fueron aceptadas, como ya hemos visto, como «auténticos» judíos por los del sur, por lo que estos se negaron a reconocer el templo egipcio como el sucesor del de Salomón. De todos modos, el edificio egipcio también fue destruido en el año 404 a. de C.

Apenas hay noticias del templo de Zorobabel, pero con seguridad era mucho menos suntuoso que el de Salomón, lo que hizo concebir a Herodes el deseo de devolverle el esplendor perdido. En el año 20 a. de C. el rey ya anunció la construcción de la obra, que duraría unos tres años, aunque los trabajos complementarios y de ampliación continuaron prácticamente hasta su destrucción en el año 70.

Parece claro que para plantearse la construcción del nuevo templo de Zorobabel el primitivo tenía que haber sido arrasado. De hecho, Herodes excavó de nuevo otros 20 metros el monte Moriah para crear una explanada que permitiera disponer de mayor espacio, a fin de ubicar no sólo el templo sino otros edificios, entre ellos su propio palacio; para ello tuvo que vencer los recelos de los *cohanim* («casta sacerdotal»), que le exigieron algunas garantías, como acopiar previamente todas las piedras que serían necesarias antes de proceder a la destrucción previa del templo de Zorobabel.

Durante el tiempo que duró la construcción continuó la realización de sacrificios en la zona, que sirvieron para establecer una continuidad espiritual entre el templo antiguo y el nuevo. Por tanto, aunque este debiera haber sido llamado en rigor «el tercer templo» (o cuarto, o quinto, pues no está claro cuántas veces ni hasta qué punto había sido renovado, y hasta reedificado, el antiguo templo de Zorobabel), es comúnmente llamado «segundo templo».

En todo caso, para evitar cualquier tipo de confusión, nos atendremos a las denominaciones «templo de Salomón», «templo de Zorobabel» y «templo de Herodes».

Descripción del templo de Herodes

Herodes construyó un nuevo templo que superaba, sin duda alguna, al primero en magnificencia; su imponente mole de mármol blanco, que daba esplendor y lustre a la ciudad, era vista desde lejos al llegar a Jerusalén. A través de las descripciones que hizo de él el historiador judío Flavio Josefo en su libro *Antigüedades de los judíos* es posible tener una idea de cuál era su aspecto. Para los judíos, nueve de los diez ideales de belleza estaban presentes en Jerusalén, y a ello contribuía su reconstruido templo.

Herodes, conocedor de los libros sagrados, quiso imitar, sin duda, la disposición del templo de Salomón, y superarla con creces, aunque prescindiendo de algunos detalles, además de adaptarla al estilo clásico griego de la época. Se repitieron las dimensiones y disposición del Santo y del Sanctasanctórum pero de una forma más grata visualmente.

Conocemos bien la disposición del templo gracias a las descripciones de Flavio Josefo. En ellas no consta que se hubieran dispuesto las columnas Yakín y Boaz, que no encajarían con los estilos artísticos del momento. El templo ocupaba el centro de un cuadrado de unos 180 metros de lado que se hallaba conectado, mediante una doble columnata, a la Torre Antonia, la fortaleza judía desde la que era vigilada Jerusalén. Como veremos, esta se hallaba en lo que es hoy la explanada de Haram ash-Sharif.

Retomando la disposición del templo de Zorobabel, el de Herodes estaba rodeado por el gran Patio de los Gentiles, explanada destinada a dar majestad a la obra. Con el tiempo fueron instalándose allí comercios de todo tipo para atender a los fieles que, una vez al año, especialmente por Pascua, peregrinaban al templo. En ese patio les eran ofrecidos y vendidos todo tipo de objetos de culto y elementos destinados al sacrificio: corderos, palomas o gorriones, además de cambiar moneda judía por romana. Es posible que algunos mercaderes también realizaran prácticas ilícitas a costa de peregrinos ignorantes e ingenuos, que posiblemente provocarían una sorda queja contra sus actuaciones.

En todo caso, esos comerciantes proliferaron, con la consiguiente algarabía, hasta tal punto que motivaron la cólera de Jesús, quien los expulsó a cajas destempladas en la escena narrada por los evangelistas (Mt 21,12-17; 21,23-27; Mc 11,15-19; Lc 19,45-48; 20,1-8). Es curioso que Jn sitúa esa acción al final y no al principio como los sinópticos, lo que ha dado pie a suponer que, en realidad, hubo dos expulsiones. Por descontado, el mencionado hecho aumentaría el recelo de los *cohanim*, que vestidos con sus blancas ropas de lino y gorros tubulares estaban acostumbrados a ejercer su soberanía en toda el área, asumiendo la regulación del comercio, la dirección de los peregrinos y la administración de los sacrificios.

El templo era una verdadera ciudadela del culto y aun del gobierno. Cerca del patio podían encontrarse diferentes dependencias permanentes: edificios administrativos, estancias para los *cohanim* y hasta una sinagoga. Los visitantes estaban autorizados a presenciar las ceremonias de los *cohanim*, desde sacrificios hasta audiencias, rezos y reuniones de todo tipo, pero el acceso a los distintos lugares estaba rigurosamente pautado. De hecho, la pena por acceder a un lugar no permitido podía ser la muerte.

A través del llamado Pórtico de Salomón, al este del patio, se accedía al *Soreg*, gran estructura de piedra de acceso exclusivo a los sacerdotes cuya parte más importante era el templo propiamente dicho. Según Josefo, se llegaba a él a través de diez entradas distintas: cuatro situadas en la cara sur, cuatro en la norte, una (la principal) en el este y otra más, llamada Puerta de Nicanor, que conducía desde el este, en el Patio de las Mujeres, hacia el oeste, y reservada a estas y a enfermos o personas consideradas «impuras».

Este era el lugar más animado, y en él se realizaban todo tipo de encuentros, reuniones e incluso bailes con música; probablemente fue allí donde María y José ofrecieron los sacrificios después del nacimiento de Jesús (Lc 2,21-24). El patio tenía cuatro enormes lámparas de pie para alumbrar el templo por la noche, especialmente durante la Fiesta de los Tabernáculos.

Se seguía después hasta el Patio de los Israelitas, utilizado por la mayoría de los visitantes, desde donde los varones podían presenciar los sacrificios. Finalmente, el Patio de los Sacerdotes estaba reservado a estos; en él se realizaban todo tipo de ceremonias sagradas, incluyendo los sacrificios que se ofrecían en un enorme altar de piedra, de 12 metros de lado y 15 de altura. Al norte de este se hallaba otro *mar* con agua para las abluciones y la purificación.

En la construcción del templo se respetaron las dimensiones del de Salomón, bien conocidas por los fieles. El interior del templo de Herodes contenía, en cambio, muchos menos elementos que su antecesor, dado que se habían perdido en sucesivos saqueos y reformas. El Santísimo se hallaba vacío: ya no estaban allí las Tablas de la Ley, el Arca de la Alianza, la Medida del Maná, la Vara de Aarón, ni otros complementos, como el óleo sagrado. Sí que estaban, en cambio, en el Santo el Pan de la Proposición y, cerca del Santísimo, la *Menorah* y el altar, provisto de incensarios dorados. También se conservaban muchos de los vasos sagrados de oro rescatados del primer templo que fueron destinados lógicamente a este segundo.

Sobre la puerta de entrada al templo se habían dispuesto como adorno viñas y racimos de uvas del tamaño de un hombre. El templo tenía un piso superior de tamaño similar al inferior, y disponía de dependencias laterales que lo rodeaban por el norte, sur y oeste igual que en el de Salomón. El acceso al Santo desde el exterior se realizaba atravesando un velo bordado en azul, blanco, escarlata y púrpura, plegado por su lado sur, mientras en el acceso del Santo al Santísimo había otro similar, doblado por el lado norte, de modo que para acceder a este había que atravesar el Santo diagonalmente. Parece que esta travesía era interpretada como la entrada al cielo, puesto que los dibujos del velo representaban, según Josefo, «el espectáculo del cielo entero».

El Sanctasanctórum estaba separado del Santo exclusivamente por cortinas y no con un muro como en el primer templo. Según la tradición judía, el velo era tan resistente que dos yuntas de bueyes no podían romperlo, pese a lo cual se rasgó «de arriba abajo» al morir Jesús en la Cruz (Mt 27,51; Mc 15,38). Este hecho supone, en la tradición cristiana, la ruptura con el mundo antiguo por la redención de Jesús: a partir de ese momento, acabó el secretismo y los fieles tendrían libre acceso a los nuevos templos. Así, el Redentor reemplazó el viejo *berith*, del cual el templo era prenda, a fin de establecer una nueva alianza basada en su propio sacrificio expiatorio. Jesús actuaría en lo sucesivo para los creyentes como el «Gran Sumo Sacerdote» en el santuario celestial (Heb 4,14-16).

En la parte occidental de la explanada fue levantado el palacio de Herodes, culminado por una impresionante columnata que ocupaba todo un lado del gran cuadrado (figs. 5 y 7). El rey nunca podría entrar en el templo, reservado a la clase sacerdotal, pero su posición, al lado y a un nivel superior, era una constante advertencia de la separación entre la Iglesia y el Estado, como diríamos en la terminología actual. Los tiempos de la simbiosis entre ambos habían pasado definitivamente. El clero tenía quien lo vigilara.

Únicamente un detalle del templo no fue bien visto por sus súbditos: frente a la puerta principal campeaba el águila imperial romana, lo que contradecía la Ley de Moisés, que prohibía toda representación de imágenes. Su destrucción a manos de patriotas exaltados sería el primer aviso para Herodes del volcán sobre el que estaba sentado, aunque la erupción definitiva no se produciría hasta setenta años después de su muerte. Al terminar sus días,

Herodes dejó un país manchado de sangre, aunque rebosante de riqueza y esplendor.

La rebelión y el fin del templo de Herodes

En los últimos días del reinado de Herodes nació Jesús de Nazaret, quien visitó el templo, expulsó a los mercaderes y, según los Evangelios, predijo la ruina que llegaría en el año 70. Los tiempos eran de fuerte agitación y una insurrección iniciada por un tal Judas de Gamal, llamado *el Galileo*, había terminado con la ejecución de este, aunque su movimiento le sobreviviría en el partido de los zelotes, grupo maximalista enfrentado a Roma y convencido de que la fe y el valor podrían con la más extraordinaria máquina de guerra que habían visto los siglos. Al parecer, uno de los discípulos de Jesús, el segundo Simón, habría pertenecido a esa organización.

La historia del templo durante y después de Jesús continuó siendo agitada y estuvo plagada de detalles pintorescos. Por ejemplo, el célebre emperador Calígula ordenó colocar, en su deseo de ser adorado como un dios, una estatua suya en el templo; se trataba de un vago eco de lo que siglos antes hiciera Antíoco IV con Zeus. Desde luego, los judíos, apoyados por el rey Herodes Agripa, se negaron en redondo a adorarlo. La oportuna muerte del loco emperador impidió que la idea fructificara.

Según el relato de Flavio Josefo, en el año 66 se inició en Judea una rebelión abierta contra Roma. El malestar por la presencia romana ya era anterior al mismo Herodes, y los mismos evangelios se hicieron eco de la situación (recuérdese, por ejemplo, el episodio del tributo al César, en Mt 22,7; Mc 12,14; Lc 20,22). Una inoportuna maniobra política puso en libertad a muchos ladrones y terroristas provocando una gran inestabilidad en el país. En el año 66 los zelotes se apoderaron de la fortaleza romana conocida como Torre Antonia. La reacción tardó en llegar, pero fue irresistible. En la Pascua del año 70 el país fue invadido por 60 000 soldados romanos, de manera que su suerte estaba echada. Al frente de ellos estaba Tito, ahijado del emperador Vespasiano y su futuro sucesor.

Las fuerzas romanas llegaron a Jerusalén y los últimos rebeldes se refugiaron en el templo confiando en que el poder divino los protegería milagrosamente en ese lugar. La rebelión fue sofocada en toda Judea sin dificultad.

Tito quería preservar el monumento sagrado de los judíos, cabeza y corazón del judaísmo, y dio órdenes a sus tropas para que buscaran una capitulación. No fue posible porque al amanecer del día decisivo los defensores realizaron una salida desesperada que fue rechazada de nuevo hacia el interior; sin embargo, en esas circunstancias un soldado romano arrojó una tea encendida por la ventana del Sanctasanctórum, que, decorado con madera preciosa altamente combustible, comenzó a arder rápidamente. Fueron inútiles las órdenes del comandante romano para apagar el fuego. Sólo algunos objetos sagrados, entre ellos la *Menorah*, pudieron ser rescatados.

Roma no se anduvo con contemplaciones: como escarmiento frente a futuras acciones de ese tipo arrasó Jerusalén por completo. Seguidamente se procedió a un feroz acoso de los pocos supervivientes que se habían refugiado en la roca de Masada, la fortaleza reformada un siglo antes por Herodes el Grande. El sitio, que duró hasta el año 73, terminó cuando el millar de judíos allí refugiados optó por suicidarse, una acción que todavía hoy forma parte de la gran epopeya nacional judía.

Todo había terminado. Se decretó la anexión de Judea al Imperio romano y se inició así un periodo de dos mil años en el que los judíos carecerían de Estado propio. Los pocos trofeos de guerra que habían sobrevivido al incendio del templo fueron llevados a Roma, entre ellos la *Menorah*, inmortalizada en el Arco de Tito, que desde entonces ha servido de modelo para los candelabros. Es sabido que a partir de ese momento ningún judío quiere pasar bajo este arco.

Las riquezas obtenidas de la ciudad debían servir para financiar el Coliseo romano, y los doce mil prisioneros judíos llevados a Roma serían los encargados de construirlo. Se prohibió a los judíos habitar en Jerusalén. Muchos de ellos emigraron a otros países, aunque no a otras patrias, pues siempre llevarían la suya en su corazón a modo de Arca de la Alianza simbólica.

Nuevas tradiciones y esperanzas fueron añadidas a la tradición judía. El Mesías, al que se continuaba esperando sin hacer caso de la «herejía» cristiana, quedó encargado de una nueva misión: reconstruir el templo. Pero aquí empezaban las discrepancias: aunque lo más corriente era soñar en una reedificación «gracias a las manos de los elegidos», para los más místicos el mismo Dios lo reedificaría «sin manos»; para otros, incluso «descendería del cielo, ya totalmente construido», para posarse en el lugar que nunca habría dejado de ser el centro del mundo, Jerusalén.

En los largos siglos que siguieron habría tiempo para pulir la idea y adaptarla a los sucesivos momentos... sin olvidar algunos fallidos intentos de reconstrucción.

Después de la hecatombe

De la destrucción del templo a la rehabilitación del cristianismo

Como consecuencia de la destrucción ordenada por Tito, la ciudad había sido arrasada «hasta el punto de que difícilmente se hubiera creído que aquello hubiera podido estar alguna vez habitado»; sin embargo, poco a poco se otorgó permiso a los judíos para edificar sobre las ruinas de la ciudad de sus antepasados. Estos eligieron siempre los lugares más próximos a la antigua ciudad de David, que empezó a repoblarse lentamente.

Los años que siguieron a la segunda y definitiva destrucción del templo fueron, paradójicamente, muy fecundos en la historia del pueblo elegido. Antes del año 70 los judíos no habían podido concebir una religión al margen de una autonomía política; ahora se enfrentaban a dos milenios de dispersión para reconsiderar y readaptar sus hábitos. Ciertamente, la humillación sufrida era grande: incluso el tributo del templo, convertido ahora en *fiscus judaicus*, serviría para sostener el culto idólatra, pero la religión judía no fue declarada ilegal. Como consecuencia, refugiándose en ella, cobraron especial fuerza los *rabbis*, maestros conocedores y estudiosos de la *Torah*, que fueron conformando el *Talmud*, enseñanza o fijación definitiva de la posición de la sociedad judía como diferenciada e independiente de su autonomía política.

De ahí surgió un hábito definitorio: replegarse sobre el pasado para instituir la lectura constante de las Escrituras. Además se dogmatizó que estas contenían todo el conocimiento hasta la última coma y se incorporaron al saber total los comentarios más antiguos conservados (*midrash*). Con el tiempo esto dio nacimiento a la cábala y al estudio pormenorizado de los textos.

Otro hecho importante en esos momentos fue la radical separación con el cristianismo, que, desgajado del judaísmo, se veía despojado del concepto de *religio licita* que todavía lo amparaba tras las primeras persecuciones de Nerón. Sometida, por tanto, a las persecuciones convertiría la animadversión en odio hostil. Además, el cristianismo continuó ateniéndose al viejo texto de los Setenta, ampliado con el Nuevo Testamento, mientras los judíos se atenían a la *Mishnah*, nueva presentación en forma oral de la fe de los profetas.

Además, desde el año 70 el ambiente político se había ido cargando. Entre la primera destrucción del templo por los babilonios y su reconstrucción habían mediado setenta años (Jer 25,11-12), en los que no faltaron profecías para alentar a muchos nacionalistas judíos a pensar que estaba próxima a cumplirse una repetición del hecho. Esto dio alas a una nueva revuelta que estalló en el año 132 y que fue aplastada más despiadadamente todavía por el emperador Adriano, quien creía que era bueno para la salud del Imperio aniquilar completamente el judaísmo. La sublevación fue peligrosa, pues llegó a dominar toda Judea al mando de Simón bar Kokhbá («hijo de la estrella», en alusión a una profecía mesiánica en Núm 24,17), que restauró los antiguos sacrificios en la explanada del templo. Quizá por ello, esta vez Adriano estableció un escarmiento ejemplar. El nombre de Jerusalén fue cambiado a Aelia Capitolina, en la explanada del templo se alzó un nuevo altar dedicado a Júpiter Capitolino y los mismos judíos fueron expulsados de la urbe (aunque no del país, como ha sostenido una persistente leyenda); sólo el día 9 de cada mes de Av les era permitido el acceso a la ciudad para llorar sus penas ante el muro de la explanada del templo arrasado, lo que creó una tradición reemprendida siglos más tarde, cuando ya casi se había perdido la memoria de tal situación.

De todos modos, incontables judíos, empezando por los residentes en Jerusalén, fueron dispersados por todo el mundo. Así, condenados a un nuevo éxodo permanente conocieron nuevos lugares en los que reafirmaron su forma de ser mediante la observancia rigurosa de su religión. Se les admitió y toleró, sólo toleró, en numerosas comunidades, porque eran capaces de proporcionar muchos servicios especializados, pero el hecho de mantener viva su cultura, en contacto con su Dios y considerándose el pueblo elegido, provocó muchas desconfianzas que a menudo acababan en expulsiones. En España, por ejemplo, sufrieron bastantes pogromos y una expulsión final en 1492.

El vacío creado por la pérdida del templo fue colmado por la sinagoga, y esto creó una nueva sensación: frente a la centralidad del lugar santo y a la esperanza de una tercera construcción, surgía ahora el concepto de «patria exportable» en espera de que Israel fuera restaurado según la voluntad de Yahvé. Pero el escenario externo también iba conformando la sociedad judía e introduciendo en ella cambios decisivos. El mundo romano, una sociedad esclavista, consideraba la agricultura como una actividad poco rentable (¿para qué mejorar lo que podía obtenerse con la inacabable mano de obra esclava procedente de los países sometidos?). La consecuencia era muy embarazosa para la comunidad judía, que sin capacidad para competir con la abundante mano de obra barata y gratuita quedaba condenada a la pobreza; en definitiva, se repetía aquí lo que antaño ocurriera en la misma Roma durante la República. De esos años arrancó la tendencia entre los judíos a dedicarse a actividades mercantiles y bancarias, en las que pronto destacaron, amparados por el despego a las nuevas patrias de adopción y el dominio de idiomas como consecuencia de la diáspora. Esta sería la primera causa de animadversión contra ellos por parte de los miembros de otras religiones.

Las condiciones mejoraron algo bajo Marco Aurelio. Aunque sin permitírseles todavía el acceso a la urbe, se les concedió el *ius civilis*, lo que significaba poder seguir practicando su culto como un pueblo más del Imperio. Sin embargo, se produjeron nuevas rebeliones, siempre aplastadas implacablemente.

La diáspora final

El final definitivo bajo Roma llegó en 313, cuando el Edicto de Milán hizo del cristianismo la religión oficial del Imperio. ¡El cristianismo!, que a aquellas alturas era ya enemigo mortal de los judíos, a quienes acusaba de haber crucificado a Jesús, sin reparar en que este era también judío. Las últimas posibilidades de reconstruir el templo se esfumaron. Ante los judíos se abrió un largo periodo en el que la esperanza era el único sentimiento posible. «El año próximo en Jerusalén» con que terminaban sus oraciones empezó a parecer una utopía.

En cuanto se produjo el triunfo del cristianismo con Constantino el Grande, y especialmente tras la derrota de Licinio en 324, el emperador publicó un decreto por el que las «naciones orientales» (incluida Judea) podían ser acondicionadas para la «restauración del santísimo lugar del enterramiento». A lo largo de dos siglos y medio, y en ausencia de los judíos que habían sido desterrados fuera de Jerusalén desde el año 132, se había perdido completamente el recuerdo de la ubicación de la antigua ciudad de David y de su monte Sión, sede de los dos templos. Fijado por tradición (o por simple inspiración) en el más importante de estos lugares, el Santo Sepulcro, se construyó a toda prisa una iglesia en él, y esta fue considerada como el «nuevo templo», usurpando así a los judíos el culto en el santo lugar del que el cristianismo se consideraba legítimo heredero.

Para el cristianismo, que había cobrado fuerza en esos años, el templo era un lugar ciertamente nombrado en los Evangelios, por ejemplo, cuando Satán habló al Salvador en su pináculo para mostrarle las riquezas del mundo y pedirle su adoración (Mt 4,5), pero no dejaba de ser un lugar menor en la historia de Jesús.

Los nuevos lugares sagrados jerosolimitanos eran los relacionados con la Pasión del Señor: el Cenáculo, el Calvario y el Santo Sepulcro. Ciertamente, el cristianismo asumía la tradición veterotestamentaria, pero toda ella no constituía para la nueva religión más que una etapa preparatoria para la auténtica Redención.

El real o supuesto Santo Sepulcro, sobre el que se edificó la Iglesia de la Resurrección, constituyó el tránsito perfecto del judaísmo al cristianismo, el vehículo por el que este asumió las tradiciones del primero, apropiándose de sus símbolos. Toda la simbología judía fue adoptada en el «nuevo templo», desde las lámparas encendidas perpetuamente a la combustión de incienso, pasando por la lectura diaria de un fragmento del Evangelio, tomada de las lecturas de los judíos de sus propios libros sagrados; se llegó a decir que la basílica había sido consagrada en el mismo día del año en que Salomón hizo lo propio con su templo. El rito cristiano central, la Eucaristía, fue asimilado a un *qorban* («sacrificio») judío, estableciendo que en la misa se conmemoraba la muerte de Jesús en la Cruz, el sacrificio por excelencia. Así, el Santo Sepulcro pasó a constituir el nuevo «centro del mundo», tal como habían hecho los judíos con su templo.

Las antiguas representaciones del Santo Sepulcro evocan claramente la iconografía judía primitiva del templo. Tomemos como ejemplo el mosaico del siglo VI de Siyagha, en el Monte Nebo de Jordania, que muestra una primitiva imagen del templo claramente derivada del arte judío antiguo. Su situación en el ábside de la iglesia vincula ideológicamente la imagen con el templo judío, y la Eucaristía con los sacrificios en el templo. Obsérvense los diferentes símbolos judíos, como el patio alrededor del templo, el fuego en el gran altar, y el Arca situada en el Santísimo.

Dentro de este nuevo orden comenzó una febril búsqueda de reliquias y objetos relacionados con el cristianismo primitivo para adornar no sólo el nuevo templo, sino todas las iglesias que rápidamente fueron surgiendo entre la cristiandad. Especialmente, tras la visita a Jerusalén de Santa Elena, madre de Constantino el Grande, para recobrar la Vera Cruz se produjo una febril «reconstrucción» de los restantes lugares santos, indispensable aunque sólo fuera para dar satisfacción a la creciente demanda que se estaba produciendo debido a la avalancha de peregrinos que deseaban visitar los lugares de la Pasión del Señor, reconstrucción, sobra decirlo, que prácticamente siempre era ficticia, pues la arqueología no era una ciencia desarrollada en la época, por lo que para establecer enclaves determinados se atendía a visiones, trances, sueños e incluso inspiraciones súbitas, que se creían sujetas a una revelación divina. Así, un monje al que pretendidamente el mismo Dios había indicado un lugar para cavar afirmó haber encontrado nada menos que el ataúd de Job, y un pastor tuvo una visión que le indicó el lugar donde Moisés había sido enterrado.

Todo este nuevo orden se vio acompañado por un progresivo deterioro de la base económica y legal del judaísmo. Las sinagogas fueron gradualmente demolidas o adaptadas al culto cristiano, y la conversión a la nueva religión triunfante fue estimulada por todos los medios, sin excluir la violencia.

Un nuevo espíritu

Hubo un breve resurgimiento del judaísmo cuando el emperador Juliano, llamado *el Apóstata*, pretendió eliminar el cristianismo y concibió, para sustituirlo, el regreso de la atribulada religión judaica. Fue un breve renacimiento de la antigua fe, durante el que sus seguidores llegaron a iniciar una reconstrucción del templo, que por cierto acabó con otro incendio; por lo visto los trabajadores se asustaron al ver unas grandes bolas de fuego que salían de las ruinas, lo que, en opinión de algunos comentaristas, era una indicación de que el Arca de la Alianza seguía allí, enterrada en algún oscuro sótano desde los tiempos del rey Josías, como antes hemos comentado.

Sin embargo, el paréntesis pagano se cerró pronto y desde ese momento la divergencia entre judaísmo y cristianismo tomó caracteres irreconciliables. Los cristianos añadieron a la Biblia sus veintisiete libros del Nuevo Testamento, denominación blasfema para los judíos, que seguían orientándose hacia una nueva interpretación de su Biblia en forma de *Mishnah*: la fe de los profetas era revisada y presentada de forma acorde con los nuevos tiempos, que imponían reflexión y nueva caracterización. El sentimiento cristiano hacia los judíos era simple: ciertamente representaban una primera forma de su propia religión, lo que les hacía merecedores de un cierto respeto, pero su persistencia en el error al no aceptar al Mesías verdadero los deslegitimaba, haciendo que pasara al cristianismo la representación del «verdadero y definitivo Israel». Mantenían una cierta esperanza de que los judíos acabaran un día por convertirse influidos por su ejemplo, pero a medida que se acentuaba el carácter cristiano del Imperio, tras el edicto de Milán, el clima antijudío se fue agudizando hasta que los «hermanos separados» pasaron a ser los «asesinos de Cristo», calificados ya en el Antiguo Testamento como pueblo «de dura cerviz». Este prejuicio se extendió tanto que incluso los árabes los acusarían, siglos más tarde, de haber envenenado a Mahoma.

Ante esta situación, el acorralado judaísmo se cerró más y más en la preservación de sus valores más genuinos. La reflexión sobre los valores tradicionales se hizo imperativa como modo de resistir el hostil entorno, y surgieron los masoretas, gramáticos hebreos que alcanzarían su plena actividad desde el siglo VI al X.

Los persas

El paso de los siglos dio, no obstante, nuevas oportunidades a los judíos. No se produjo ningún cambio en la situación tras la partición del Imperio, cuando Bizancio sustituyó a Roma, pero la conquista de Jerusalén, en 614, por los persas sasánidas que se la arrebataron a los bizantinos, proporcionó ciertas esperanzas, que indujeron a algunos judíos a levantarse en favor del nuevo amo cuando este se aproximaba, con la esperanza de congraciarse con él. En efecto, los persas empezaron a eliminar las huellas cristianas y Jerusalén fue regida desde entonces por un gobernador judío.

Sin embargo, pronto los nuevos dueños cambiaron su política en favor de los judíos. A fin de cuentas, tan herético resultaba el judaísmo como el cristianismo para los textos del zoroastrismo. Cuando, en 629, el emperador Heraclio retomó la ciudad restauró la Cruz Verdadera, temporalmente retirada en el paréntesis zoroastrista. Entonces, nuevamente se abatió contra los judíos la cólera cristiana, que los expulsó de Jerusalén hasta una distancia no inferior a los cinco kilómetros. Había que seguir esperando.

La Edad Media

Los árabes

Como antaño el intervalo de Juliano, también el sasánida había sido de corta duración, lo que sembró mucha prudencia en el escarmentado ánimo judío antes de proclamar nuevas adhesiones. Pero todo cambió, y esta vez para más de mil años (al menos desde el punto de vista político) con la invasión musulmana. Sólo nueve años después, en 639, una nueva potencia arrollaba con su empuje todo el Mediterráneo: los árabes entraron en Jerusalén para quedarse.

Muchos judíos los vieron al principio como un nuevo Ciro que iba a librarlos de sus opresores, porque parece que durante un tiempo fue posible practicar las religiones judía e islámica. Incluso una nueva visión apocalíptica vio la conquista árabe como el anuncio de la verdadera llegada del Mesías. A fin de cuentas, una profecía de Daniel afirmaba que después de «setenta semanas» de años (490 días) el Sanctasanctórum sería consagrado de nuevo en el templo (Dan 9,24) y cinco cosas procedentes del primer templo debían ser restauradas según la tradición judía: el Arca, el fuego, la *Menorah*, el Espíritu y los querubines. El intervalo era bastante similar al transcurrido desde la rebelión de 132 hasta la entrada de los musulmanes.

El islamismo hundía sus raíces en el judaísmo. De hecho, el Corán recoge muchas de las tradiciones de la Biblia y hasta algunos de sus personajes son considerados «santos» en la tradición islámica. Así, Salomón no sólo aparece incluido entre los grandes profetas de la Antigüedad, sino que durante los primeros tiempos de la nueva religión se convirtió en tradición entre los musulmanes orar en dirección hacia Jerusalén, donde había estado el «gran palacio de cristal», o sea, el templo, y tal como al parecer había hecho Mahoma. Sólo tras una discusión sobre cuál era la dirección correcta, el profeta fundador del islamismo acabó estableciendo como parte de la doctrina que la dirección acertada era la Kaaba, en La Meca.

De todos modos, no había ningún resentimiento previo contra los judíos por parte islámica. De hecho, el propio Corán enlazaba la nueva religión con la práctica cultural de la antigua. En este se lee:

> *Sura 2, parte 5: Su profeta les dijo: «La prueba de su realeza es que el Arca de la Alianza os será devuelta, y con ella el testimonio de vuestro Señor, así como las reliquias dejadas por el pueblo de Moisés y el pueblo de Aarón. Los ángeles la traerán. Esta debería ser una señal convincente para vosotros, si sois verdaderos creyentes».*

Los árabes, a diferencia de los cristianos, no formularon ninguna actitud previa contra los judíos, que figuraron, como todos los sometidos, con el estatuto de *dhimmis*, «pueblos protegidos». El solapamiento de las tradiciones musulmana y judía fue directo y rápido.

Pronto se establecieron nuevas relaciones místicas entre el islamismo y Jerusalén. El primer verso de la sura 17 del Corán dice:

> *17.1. Alabado sea Dios, quien llevó a su sirviente de noche desde la sagrada mezquita a la remota mezquita, cuyos alrededores sean benditos, para que podamos dedicarles nuestros himnos.*

La tradición se ha cuidado de adornar y embellecer este verso un tanto oscuro, llamado «La visión nocturna», que describe el «gran salto» experimentado por Mahoma cuando fue llevado desde la «Mezquita sagrada» (la Kaaba, en La Meca, donde se guardaba la «Piedra Negra») a la «Mezquita remota» *(al-masjad al-aqsa)*, entendida como el templo de Salomón en Jerusalén, para orar junto a Abraham, Moisés, Jesús y otros grandes profetas. Cargando el viaje de detalles, resulta que se habría realizado a lomos de *al-Buraq*, un animal con cuerpo de caballo y rostro humano, dotado además de orejas de elefante, cuello de camello, alas de águila, cola de mula y pezuñas de toro, además de tener absolutamente todo el cuerpo recubierto de oro, perlas y diamantes, y exhalar una fragancia muy agradable (fig. 4). No es extraño que tal criatura haya sido santificada en la religión islámica y se le haya asignado un lugar en el cielo.

Esta tradición que unía la Kaaba y el templo de Salomón hizo que ambos edificios fueran vistos, progresivamente en la tradición islámica, como las primeras imitaciones del gran prototipo cósmico, el templo celestial, en un viaje sagrado a través del tiempo.

En la peregrinación de la humanidad en busca del verdadero Dios, la Kaaba era vista como fundada por Adam y restaurada por Abraham varias centurias después, y la «Mezquita remota» como la meta final en su marcha guiada por Alá, fijada en la obra de Salomón.

La conquista árabe de Jerusalén, llevada a cabo por el califa Omar en 638, marcó un punto de inflexión en el culto judío, que pasaron a asumir de nuevo los musulmanes.

En el nuevo orden establecido con la entrada de los árabes, los judíos fueron autorizados a residir en la ciudad, y su alivio fue grande al no ser decretada la continuidad del templo en el Santo Sepulcro, que hubieran visto como una profanación. El califa, siguiendo las sugerencias de los judíos, fijó el lugar donde autorizaría el culto de estos precisamente en la zona cercana al monte Sión, que pudo localizarse gracias al torrente de Guijón o Gihon, que continuaba suministrando agua a la ciudad como lo había hecho en tiempos de David.

La rendición de la ciudad se había producido ante el propio Omar, quien, considerándose el nuevo representante de Dios, deseaba orar en el mismo lugar en el que había estado el templo de Salomón. El depuesto gobernador jerosolimitano le condujo al Santo Sepulcro, pero Omar rechazó este emplazamiento, insistiendo en que ese no era «el verdadero santuario de David», hasta que consiguió ser llevado al que los judíos ya consideraban a aquellas alturas el auténtico lugar, la explanada de Haram ash-Sharif, que para entonces había sido transformada por los cristianos en un vertedero de basuras.

Naturalmente, este poco noble destino no satisfizo a Omar, quien se propuso dignificar inmediatamente el paraje. Tras algunas dudas iniciales, decidió finalmente construir en la parte sur de la actual explanada la mezquita de al-Aqsa, que definió como «la mezquita más alejada del Islam», o sea, la meta del místico vuelo de Mahoma.

La Cúpula de la Roca

Las negociaciones de la rendición imponían que no podía haber más que una mezquita en Jerusalén, pero Omar deseaba reforzar la sacralidad de la explanada de Haram ash-Sharif. Por ello, el califa Abd al-Malik decidió, tiempo después, construir en el centro de la explanada otro edificio religioso conocido como la Cúpula de la Roca, precisamente cerca del lugar donde asomaba la *even shettiyah*, un saliente rocoso en el que la tradición judía situaba el sacrificio de Isaac y el sitio donde había sido enterrado Adam, e incluso, por parte cristiana, donde se había producido el interrogatorio de Poncio Pilato a Jesús. Los motivos últimos de esta decisión fueron complejos: por una parte se deseaba proclamar el triunfo del islamismo sobre el cristianismo, pero por otra disponer de un punto de peregrinación alternativo a La Meca, que a la sazón estaba controlada por Ibn al-Zubayr, un califa rebelde. La obra fue completada en el año 691.

El lugar quedaba así definitivamente incorporado al repertorio sacro árabe. La construcción de la Cúpula de la Roca no fue mal vista por los judíos, que apreciaron el nuevo monumento como la reedificación del templo desde un nuevo concepto.

Es un edificio octogonal, de cúpula semiesférica y dorada, actualmente quizás el rasgo paisajístico jerosolimitano más distintivo, y completa la triple sacralidad de Jerusalén para las tres religiones: judía, cristiana y árabe. Decorada con paneles de mármol veteado y elegantes mosaicos que representan follaje paradisiaco, aparece vinculada simbólicamente con el Paraíso y la Resurrección.

La Cúpula de la Roca (fig. 8) adquirió pronto un carácter de especial santidad entre los musulmanes, y con el tiempo llegó a ser considerada, sin exigencias arqueológicas, como el «templo reconstruido», aseveración que llegó a ser aceptada incluso por los cristianos, como veremos. De hecho, la liturgia judía quedó incorporada a la musulmana con sus sacerdotes especialmente ataviados, cortinas, incienso, lámparas de aceite, rituales diarios y plegarias. Sin duda pasó al islamismo a través de intermediarios judíos y cristianos. Desde el siglo VIII la peregrinación a la Cúpula de la Roca pasó a ser considerada entre los musulmanes como una de las «tres sagradas» en el Islam.

Jerusalén está destinada por ello a ser centro de adoración y luchas, y no es nada sorprendente que fuera considerada en todo momento como centro y ombligo del mundo.

Las mezquitas y el templo

Las primeras mezquitas supusieron un pálido reflejo del templo de Jerusalén. La construcción de la de al-Aqsa fue un hecho crucial en el desarrollo de la ideología apocalíptica que siempre está presente en la construcción del templo de Salomón.

Desde el primer momento, los árabes vieron la conquista de Jerusalén como el cumplimiento de una profecía. Una antigua tradición musulmana establecía que «la nación de Mahoma construirá el templo *(Heikhal)* de Jerusalén», por ello, la llegada a la Ciudad Santa marcaba para muchos el cumplimiento de la misión terrenal del Islam. La construcción de la mezquita de al-Aqsa, reforzada más tarde con la de la Cúpula de la Roca, suponía implícitamente que la explanada de Haram ash-Sharif («el noble recinto») era el centro del mundo, el lugar donde había estado asentado el viejo templo. La existencia del saliente rocoso en el centro de la explanada, alrededor de la cual se construyó la Cúpula de la Roca, era un elemento central mágico que atraía todo tipo de leyendas y tradiciones.

Por todo ello, algunos círculos musulmanes estaban convencidos de que la «restauración» del templo de Jerusalén iniciaba el Milenario, la época de triunfo de la Verdad personificada en la nueva religión. Desde entonces Jerusalén quedó asociada al islamismo no ya como una Ciudad Santa, sino como la prueba viviente en la Tierra de la legitimidad de la nueva religión.

El Milenarismo incluiría hechos que perfeccionarían el reinado del islamismo sobre la Tierra, tales como la conquista de Constantinopla, ciudad que fue asediada dos veces por los musulmanes en los siglos VII y VIII. Pero el hecho acabó efectivamente produciéndose, aunque muchos siglos después y por obra de los turcos, unos islamistas muy distintos, incluso a veces enemigos, de los que entraban en Jerusalén.

Desde el lado cristiano la conquista de Jerusalén fue vista también como un acontecimiento apocalíptico, aunque naturalmente por razones opuestas. La visita de Omar a la explanada de Haram ash-Sharif era considerada como un anuncio de los Últimos Días. Y de la misma forma que la ciudad pasaba a ser para los musulmanes una «prenda», para los cristianos era un «objetivo», que provocaría siglos más tarde la formación de las Cruzadas.

La convivencia entre judíos y árabes

La asimilación por los judíos de la sociedad y cultura árabes fue mucho más profunda de lo que había sido con el helenismo. El idioma pasó a ser el árabe, aunque se mantuviera el hebreo como lengua religiosa (como el latín en el cristianismo). Ciertamente había unas similitudes que propiciaban esta aproximación: el vestido, los hábitos y costumbres, e incluso la alimentación (todos rechazaban el consumo de la carne de cerdo). Así nació un nuevo tipo de judío orientalizado; incluso los cristianos aceptaron que los judíos auténticamente depositarios de la tradición eran los que vivían sumergidos en la cultura árabe.

Se ha definido a veces algo despectivamente la cultura árabe como «de rapiña», en el sentido de haber asimilado y adoptado conocimientos de las culturas clásicas. Obviamente, se trata de una calificación injusta: estos conocimientos se hubieran perdido de no ser por ellos, y sirvieron además para llevar adelante una ampliación propia de importantes sectores en las ramas del saber. En todo caso, en este proceso jugaron un papel muy importante los judíos como colaboradores en esta eclosión cultural. Surgió entre ellos una elite intelectual que se ocupó de materias ajenas a las de la religión. El pueblo iletrado y primitivo vinculado a la tierra empezaba a convertirse en una colectividad refinada y ciudadana.

Quizás habría que buscar la causa de este fenómeno en factores muy diversos. En primer lugar, la tendencia de los musulmanes a abandonar o destruir los sistemas de riegos —se da la importante excepción española—, que al arruinar la agricultura y establecerse preferentemente en las ciudades forzaron a los judíos a desarrollar otras actividades, singularmente las artesanales, que reforzaron su influencia urbana, o las mercantiles. Estas últimas exigían disponibilidad de dinero, y así los judíos empezaron a convertirse en los grandes expertos en este tipo de actividad.

Esto tuvo consecuencias que todavía se arrastran hoy: la creencia de que la actividad básica de los judíos giraba en torno a la usura, creándose así un arquetipo reflejado incluso en la literatura (recuérdese el tipo de Shylock en *El mercader de Venecia*, de Shakespeare).

Por otra parte, la separación antes comentada entre política y religión se consagra en unos tiempos en que el judío permanecía políticamente vinculado a otros centros de decisión. Los comentarios, enseñanzas y sermones de los rabinos se recogían en la *midrash*, que pasó a ser el elemento complementario de la *Torah*, la aportación de las nuevas generaciones al saber antiguo. La tradición postbíblica se erigía como un elemento fundamental de la enseñanza rabínica, y esto configuró distintas sociedades judías con gran variedad de evolución por falta de una autoridad similar a la papal entre los cristianos.

La importancia que se daba a la lectura culminó en el pleno desarrollo entre los siglos VI y X del masoretismo, que recogiendo las seculares tradiciones precristianas, entre otras actividades, fijaba definitivamente el texto sagrado por medio de vocales que se añadían a los textos originales (el hebreo no expresa estas en la escritura), estableciendo así una lectura objetiva de la Biblia al fijar los caracteres gramaticales de cada una de las materias clasificadas, su número, su posición y sus concordancias o diferencias. Quedaba establecida así una «versión definitiva» de los textos, al modo como los cristianos habían hecho con la Vulgata. Sobre estos textos ya «fosilizados» no sería posible, de allí en adelante, más que realizar análisis cada vez más minuciosos, por ejemplo fijar, dividir y estudiar los libros, sus partes y secciones, versículos, palabras, letras y mediciones del texto sagrado hebreo, siempre dando por sentado que la revelación divina contenida en ellos estaba ya concluida y la única tarea que quedaba era su total comprensión y asimilación mediante las técnicas adecuadas.

Así surgían nuevos estudios, como los cabalísticos. El mismo nombre de cábala significa «aquello que es recibido», entendiéndose como tal lo oculto y enigmático que deberá ser desvelado por expertos en los estudios sagrados. Por ejemplo, una parte importante de la cábala son los estudios gemátricos, que parten de establecer unos valores a cada letra; la suma de los de una palabra o frase revelaría el sentido oculto de esta: se trata de la *gematría*. Otra técnica es la *temurah*, que trata de descubrir nuevos conceptos alterando el orden de las letras que componen cada palabra.

La cábala, que incorporaba técnicas no judías, acabó incorporando toda suerte de encantamientos, conjuros, talismanes y ceremonias secretas, de manera que sus influencias se verían en la aparición posterior de numerosas corrientes y aun en sociedades secretas, como la masonería.

Huyendo de persecuciones y expandiéndose por el mundo musulmán, los judíos acabaron considerando España *(Sefarad)* como su meta más decisiva, dando lugar a los sefardíes, toda una rama de la judería. La reconquista por los reyes españoles introdujo la convivencia en los reinos cristianos, y su expulsión en 1492 los propagó por todo el Mediterráneo.

Los templarios

De todas las asociaciones surgidas alrededor del templo de Jerusalén quizá sea la más conocida la Orden de los templarios, no solamente por los avatares de su existencia histórica, sino por las leyendas a que ha dado lugar, tan vigentes en nuestros días como lo fueron en el siglo xiv. La orden caballeresca de los templarios se creó a raíz de la Primera Cruzada, campaña militar convocada por el papa Urbano II desde 1095 para rescatar los lugares santos, que a fines del siglo xi permanecían ocupados por musulmanes. En los últimos tiempos, estos habían prohibido o hecho muy difícil y vejatoria la visita de los peregrinos cristianos, por lo que el papa consideró la Cruzada como una guerra santa, y ofreció la remisión general de los pecados a cuantos participaran en ella y la gloria inmediata a quienes perecieran en la empresa.

Aparte del fervor religioso, la campaña guerrera tenía otros alicientes más materiales. Constituía una oportunidad única para personas ansiosas de gloria y riquezas obtenidas por el saqueo, y de hecho fueron muchos los segundones de familias distinguidas europeas, especialmente francesas, que se alistaron confiando en alcanzar por este camino lo que por el orden de primogenitura les había sido negado. Tal respuesta entusiasta hizo posible la formación de un ejército que, pese a su desorganización, pudo avanzar y conquistar tierras a la sazón musulmanas y tomar finalmente Jerusalén en 1099, creándose así el reino de este nombre. Otras entidades políticas creadas a costa de los territorios musulmanes conquistados fueron el condado de Edesa, el principado de Antioquía y algunos más.

El hito más importante de esta reconquista de los lugares santos fue naturalmente la toma de la Ciudad Santa, que se realizó con un valor suicida. El largo viaje de años realizado por los cruzados a través de tierras desconocidas y peligrosas había ido aumentando su fervor fanático, y en el asalto a la ciudad fueron masacrados sin misericordia sus habitantes, tanto los judíos como los musulmanes y los cristianos. Los nuevos dueños decidieron imponer un «nuevo orden» basado en el predominio futuro de la Cruz.

Se hace difícil imaginar las sensaciones de las nuevas hordas al llegar a la explanada de Haram ash-Sharif, coronada por la Cúpula de la Roca. Los conocimientos históricos de los cruzados no eran desde luego muy importantes, por lo que sin vacilar dieron por sentado que el edificio era el famoso templo de Jerusalén, y se impusieron como primer deber reconvertirlo en una basílica cristiana, que sería la más importante de la cristiandad después de la de Belén, lugar del nacimiento de El Salvador.

Por supuesto, el edificio fue transformado en iglesia cristiana, y en su interior fue ubicado un altar para la celebración de la misa.

La sagrada «roca oblonga» que asomaba por el suelo de su interior, supuesto punto de ascenso de Mahoma al cielo en su caballo *al-Buraq*, fue recubierta sin muchos miramientos por un precioso altar y la cúpula coronada por una cruz. La influencia de la mezquita irradió a toda la cristiandad, que tomó su arquitectura de planta circular como el ideal que debían reproducir muchas iglesias.

Durante casi un siglo se celebraría misa en ese lugar para los cristianos con los que pronto se repobló Jerusalén. En esa época se intensificaron los viajes de peregrinación a los lugares santos, y, como en la actualidad, la picaresca local se aprovechó de los ingenuos peregrinos ofreciéndoles todo tipo de reliquias «auténticas» relacionadas con la Pasión del Señor, desde la Sábana Santa (que todavía se conserva en Turín) hasta fragmentos variados de la Vera Cruz cuando no la Cruz entera, pasando por huesos de santos. Las iglesias de toda la cristiandad se llenaron de estos supuestos testimonios de la vida del Señor. Ninguna dejó de lucir con el tiempo en su altar mayor algún objeto venerable de este tipo, traído de Tierra Santa… o simplemente de alguna almacabra.

Pero pronto se puso en evidencia la fragilidad de las conquistas, que empezaron a sucumbir bajo el empuje de la reacción musulmana. Además, retirados los ejércitos, los caminos para llegar a los lugares santos permanecían inseguros para el acceso de los peregrinos. Así surgió la Orden de los templarios, extraordinaria creación que fundía los dos ideales medievales, el monástico y el caballeresco, en una agrupación que, bien sometida a votos de obediencia y castidad, reemplazaba el crucifijo por la espada en la defensa de sus objetivos, y se mantenía bajo la exclusiva autoridad del papa.

La Orden de los Templarios (fig. 9) nació en 1118 o 1119, cuando nueve caballeros procedentes de Borgoña aparecieron en la recién conquistada Tierra Santa para proteger, según ellos, a los peregrinos que periódicamente se veían asaltados. Se instalaron en Jerusalén durante unos años, intervalo en el que, al parecer, maduraron la idea de la nueva orden caballeresca.

Sin embargo, no parece creíble que nueve caballeros pudieran defender cientos o miles de kilómetros de caminos, incluso contando con el séquito que cada uno llevaba. Ha gozado de popularidad la suposición de que, aparte de esa tarea, se dedicaron a explorar los pasadizos subterráneos de la explanada para encontrar en ellos los tesoros yacentes allí desde el año 70, en que el templo de Jerusalén había sido destruido por las fuerzas de Tito. En todo caso, poco después de su regreso a Francia, se relacionaron con Bernard de Clairvaux, familiar de uno de ellos, y en el concilio de Troyes (1128) consiguieron la aprobación de sus estatutos, inspirados en los de la Orden Cisterciense, creada por el mismo santo. En ellos se adjudicaba a la Orden una autonomía formal y real respecto a los obispos, quedando sujetos tan sólo a la autoridad papal, y excluidos de la jurisdicción civil y eclesiástica

Este fue el nacimiento formal de la Orden de los Templarios o, para precisar más, la de los «Caballeros del templo de Salomón», nombre que les fue dado precisamente porque al principio la Orden decidió fundar su centro de actividades en el supuesto templo de Jerusalén, que ellos mismos reconstruyeron. La Orden contó desde el principio con importantes riquezas, derivadas del patrimonio de los constituyentes, aunque muchos supusieron siempre que habían sido traídas de saqueos en la Ciudad Santa. En todo caso, sus posesiones irían aumentando con los años mediante exenciones de impuestos y donaciones de todo tipo. La más espectacular sería la contenida en el testamento del rey aragonés Alfonso I el Batallador, que les legaba nada menos que su reino. Esta última voluntad no sería aceptada por la nobleza real, y tendría como consecuencia indirecta la formación de la Corona de Aragón.

Así, la orden se fue convirtiendo con el tiempo en un suculento *modus vivendi*, con lo que el reclutamiento creció enormemente, de manera que, cuando el primer gran maestre, Hugues de Payns, murió en 1136 y fue reemplazado por Robert de Craon, la Orden del Temple era ya un auténtico poder capaz de competir con el del mismo rey francés. Tres años más tarde, Inocencio III revisó algunas modalidades de la Regla y les concedió nuevos privilegios que aumentaron todavía más su poder.

Los caballeros templarios fueron conocidos por su enorme valor. No podían rendirse y juraban obediencia absoluta a su superior, el Gran Maestro Templario; eran auténticos kamikazes, convencidos de subir al cielo directamente si morían en la batalla.

Pero con los años se embarcaron en otras actividades de tipo bancario, supliendo con ventaja a los judíos, sus tradicionales ejecutores. Se convirtieron en prestamistas y gestores de las finanzas, especialmente de los peregrinos, que evitaban ser robados por el camino mediante el depósito de sus efectos en una de las comandancias templarias contra el correspondiente recibo en forma de código cifrado. A lo largo del camino podían conseguir más anticipos de las otras comandancias y pasar cuentas al terminar el viaje: se había inventado la tarjeta de crédito. Claro que en la Edad Media estaba prohibido cobrar intereses, pero este escollo se salvó redefiniendo como «alquiler» el importe cobrado por el capital prestado.

El poder de los templarios en Oriente, siempre inestable, sufrió un rudo golpe cuando Gérard de Ridefort perdió en 1197 la batalla de los Cuernos de Hattin frente a Saladino. El mismo Ridefort, pese a su juramento, se constituyó en prisionero y fue rescatado, aunque poco después sería capturado de nuevo y esta vez ejecutado en Acre, la última posesión cristiana en Tierra Santa. Tras una efímera recuperación, la misma ciudad de Jerusalén se perdería definitivamente a manos de los turcos.

Los templarios se habían quedado sin misión, pero todo su aparato logístico-militar y sus riquezas en Francia persistían, hasta el punto de que, al caer prisionero el rey francés Luis IX en la Séptima Cruzada, fueron ellos quienes adelantaron el dinero para su cuantioso rescate.

Sería injusto silenciar otras aportaciones templarias en el campo cultural y religioso. Los templarios mandaron realizar, a lo largo de su existencia, no menos de cinco traducciones del *Libro de los Jueces,* que es, sobre todo a través del *Canto de Débora,* una de las obras cumbres del simbolismo bíblico. Quizás esto viene relacionado con la aparición en este libro, por primera vez en la Biblia, de las fuentes de la sabiduría del Grial. El *Libro de los Jueces* es, convenientemente estudiado, una de las grandes cumbres del pensamiento bíblico y, posiblemente, de las religiones universales. Paralelamente, su ejemplo cundió, y aparecieron nuevas órdenes destinadas a vigilar otros lugares santos, como el camino de Santiago, prácticamente creado en su versión cristiana por los monjes benitos.

Hacia 1300 los templarios eran docenas de miles en toda Europa, pero especialmente en Francia, y contaban con innumerables posesiones que los convertían en un Estado dentro del Estado. Podían movilizar 300 caballeros con sus escuderos, personal y pertrechos de todo tipo en ocho meses. Eran propietarios de tierras, castillos y viñedos. Practicaban la banca y el comercio libremente, y su flota era más poderosa que la de muchos reyes europeos. Toda esta riqueza se justificaba, en teoría, por la movilización de fuerzas para la conquista y custodia de Tierra Santa, pero, expulsados los cristianos definitivamente de allí desde hacía unos años, la organización se había convertido en una mera cúspide flotante desvinculada de los objetivos que le dieron nacimiento.

Paralelamente, su inicial humildad se había ido trocando en soberbia a medida que sus riquezas aumentaban. Era inevitable que un poder tan grande motivara envidias y recelos. A la cabeza de ellos se encontraban los altos poderes políticos y religiosos. Perdida Tierra Santa, se ofrecía una cabeza de turco ideal para calmar la frustración cristiana. ¿Qué hacía la orden sin terreno que defender y sólo dedicada a asuntos más propios de judíos? Además, al depender jurídicamente sólo del papa, era invulnerable y su ejército podía medirse incluso con el del rey de Francia.

El choque tenía que ser de envergadura, de rey o papa para arriba. Finalmente el monarca francés pasó a la ofensiva directa. Acuciado por la deuda que la Corona mantenía con los templarios desde tiempos de Luis IX, el 13 de octubre de 1307, conocido como «el viernes fatídico», Enrique IV, aprovechando una convocatoria hecha en París por él mismo, mandó encarcelar, en una excelente maniobra de precisión, a sus principales dirigentes, incluido el mismo Jacques de Molay, su maestre. Sometidos a torturas, confesaron todo lo confesable: que orinaban sobre el crucifijo, que blasfemaban, que cometían sodomía... Algunos lo hicieron sin el uso de la tortura, solamente por el miedo a ella; la amenaza había sido suficiente. Tal era el caso del mismo gran maestre, Jacques de Molay, quien luego admitió haber mentido para salvar la vida.

La pena por estos graves «sacrilegios» fue por lo general la muerte y la confiscación total de las posesiones templarias. No hay duda de que la maniobra había sido un auténtico pulso entre el Estado francés y la Orden, que sería disuelta y sus efectivos en todos los países repartidos entre otras órdenes, el poder real o incluso la misma Iglesia.

Tras un final tan drástico era inevitable que persistieran innumerables leyendas que los relacionaban con el hipotético tesoro del rey Salomón, con el Santo Grial de la Última Cena, con la Vera Cruz y con todo tipo de fantasías.

Todavía hoy los relatos y especulaciones sobre los templarios y sus riquezas son terreno continuamente abonado para los escritores dedicados al esoterismo.

El hecho fue que los fabulosos tesoros que se les atribuían, supuestamente sacados del templo de Jerusalén, no aparecieron. Ni siquiera pudo recuperarse su escuadra, que zarpó hacia algún destino desconocido. Incluso la supuesta Cruz de Cristo jamás fue hallada. Así empezó a alimentarse una leyenda en torno al tesoro de los templarios, que no haría más que crecer a lo largo de los siglos.

La historia tiene un curioso epílogo. En el siglo XIX la baronesa británica Angela Burdett Coutts, persona inquieta y caritativa, ocupaba su tiempo en actividades filantrópicas y científicas de todo tipo (de ella diría Eduardo VII, rey de Inglaterra e hijo de la reina Victoria, que «había sido la persona más notable del país después de mi madre»). En 1865, a raíz de una peregrinación, se propuso el objetivo de restaurar Jerusalén, y consiguió financiación para que el arqueólogo Charles Warren realizara excavaciones bajo la explanada de Haram ash-Sharif, «el Noble Santuario», donde halló unos curiosos pasadizos que recorrían la roca bajo la explanada donde se supone que habían existido los templos de Salomón, Zorobabel y Herodes.

Esta hipótesis se vio reforzada por el hallazgo en 1952 del que fue dado en llamarse *el manuscrito del tesoro,* una lista que podría referirse a innumerables objetos preciosos y ser un inventario de los tesoros contenidos en esos subterráneos. Así resucitó la leyenda de que los caballeros templarios se habían apoderado de riquezas, como el Santo Grial, la Cruz del Redentor y otras numerosas reliquias de santos. Todo estos hallazgos no han hecho más que dar alas modernamente a la aparición de una fantástica literatura sobre los templarios, plenamente vigente en los siglos XX y XXI, y a especulaciones sobre la presencia de fabulosos tesoros que no han hecho más que crecer más y más de la mano de la prensa sensacionalista.

El templo turco

Una inesperada reconstrucción del templo, prácticamente la única real en la Edad Media, fue la de la tribu turca de los kházaros, nómadas establecidos cerca del mar Caspio entre los siglos VIII y X, donde formaron un vasto imperio basado en el comercio de pieles y esclavos. Su rey Bulan (786-809) decidió, con 4000 de sus nobles, abrazar el judaísmo, que quedó declarado como religión oficial. Incluso llegaron a considerarse los descendientes de las diez tribus perdidas, aunque, a diferencia de otros grupos, como los falashas, el judaísmo no dejó de ser la religión de la minoría dirigente, que en todo caso practicaban con extrañas creencias y prácticas.

Su reconstrucción del templo como «casa de Yahvé portátil» retorna en realidad a las más antiguas fuentes del Tabernáculo como antecesor del lugar santo creado por unos pueblos también nómadas.

La confederación nómada kházara fue definitivamente destruida por pueblos rivales similares en el siglo XI, pero su herencia sobrevive entre los judíos de la Europa oriental y algunas comunidades de Crimea.

El templo etíope

La entrada del cristianismo en Etiopía se produjo con el rey Ezana hacia el año 350. Aparte de la singularidad de su propia cultura, el lugar presentaba condiciones ideales para su entroncamiento mágico con el templo a través del legendario viaje de la reina de Saba o Sebá (llamada tradicionalmente Balkis) para visitar a Salomón. Tradicionalmente se ha ubicado Sebá en la zona etiópica, y era fácil que con esta base surgieran leyendas establecedoras de relaciones bíblicas entre Etiopía y el fabuloso reino judío.

Como ya se ha indicado, el paradero del Arca tras el destierro babilónico es un misterio. Según alguna leyenda, fue enterrada en sitio seguro en el que hoy debe seguir. Otras leyendas la sitúan en los subterráneos de la plataforma de Haram ash-Sharif... y hasta se han hecho diferentes películas sobre sus peripecias, protagonizadas por el célebre Indiana Jones.

La leyenda más conocida supone que el Arca de la Alianza, habiendo sobrevivido a toda destrucción, fue trasladada de Jerusalén a la actual Etiopía, emplazamiento del reino de Sebá, en el siglo XIII.

Según esta tradición, su reina, ahora llamada Makeda, se convirtió al judaísmo y dio a Salomón su primogénito y legítimo heredero, David Menelik. En esa época, Azarías recibió la orden a través de una visión de mandar el Arca desde Jerusalén a Etiopía. Cuando llegó, Menelik danzó de júbilo ante el Arca como había hecho su abuelo David (II Sam 6,5) y fue investido como legítimo heredero de Salomón.

De hecho, muchos etíopes sostienen hoy que el Arca permanece guardada en un anexo de la iglesia de María de Sión en la antigua capital etíope de Axum, donde es venerada en una capilla en la que permanece visible sólo para un grupo de monjes. Los pocos investigadores occidentales que han conseguido verla afirman que se trata de una obra de factura antigua, pero de ningún modo de la época canaánica.

En todo caso, es cierto que los etíopes cristianos mantienen algunas costumbres judías que incluyen, entre otras, la circuncisión de los niños varones a los ocho días de su nacimiento, el *sabbath* y determinadas regulaciones sobre la pureza.

Las Edades Media y Moderna en Europa

Durante un milenio, la historia del pueblo judío se limitó a ir sobreviviendo frente a sus poderosos dominadores, ora cristianos, ora musulmanes. Los judíos participaron durante este tiempo en las grandes empresas cristianas, incluidas las religiosas. En el siglo XIII les fue otorgado el permiso de residencia en Polonia, y participan en el *drang nach Östen* alemán, a menudo como colaboradores de los reyes y príncipes que los consideraban como cosa suya. En España, al tener conocimientos de la lengua árabe, formaron parte de la Escuela de Traductores de Toledo, donde floreció una de las mayores figuras de todos los tiempos: Maimónides (Musa ibn Maymun), introductor de Aristóteles en el Islam. Su *Guía de perplejos* (1190), clave de su pensamiento filosófico, ejercería una fuerte influencia en círculos tanto judíos como cristianos y sobre todo escolásticos. En ella, el autor establece una conciliación entre la fe y la razón dirigida a quienes vacilan entre las enseñanzas de la religión judía y las doctrinas de la filosofía aristotélica que por aquel entonces imperaban, demostrando que no hay contradicción en los puntos en que fe y razón parecen oponerse, es decir, una conciliación entre el sentido literal de las Escrituras y las verdades racionales que en caso de conflicto se soluciona acudiendo a la interpretación alegórica. Pero su *Carta sobre la apostasía* acabaría influyendo en la hostilidad posterior al justificar a quienes fingían su conversión para seguir siendo judíos. De hecho, a lo largo de toda la Edad Media se gestó un sentimiento antijudío al impacientarse el mundo cristiano por la tardanza en la conversión del que había sido el pueblo primogénito de Dios, que seguía resistiéndose a admitir que la redención había llegado con Jesucristo.

Comenzaron en esa época, y muy especialmente tras las epidemias de Peste Negra, a difundirse todo tipo de calumnias. Aparte de las acusaciones de usura, se propaló el llamado «crimen de sangre», por el que se decía que asesinaban ritualmente a un niño para amasar con su sangre el pan de la Pascua, e incluso la de la profanación de las formas consagradas, acusación absolutamente absurda al no creer los judíos en la transubstanciación. El *Talmud* acabó siendo considerado como un libro blasfemo e injurioso para los cristianos; en definitiva, se fueron preparando las bases que acabarían en la expulsión masiva de los judíos.

La historia del pueblo judío siguió desarrollándose en el oscurantismo hasta los cambios producidos en el siglo XIX. Sin embargo, pasaremos muy deprisa por este milenio y medio por no estar relacionado con nuestro tema, el templo, aunque será necesario dar algunas pinceladas que permitan establecer la continuidad en la evolución del pueblo elegido, repartido progresivamente por toda la Tierra.

En el siglo x, el núcleo de la religión judía se hallaba en la España musulmana, centrado en el califato de Córdoba: este fue el núcleo de los judíos sefardíes (por *Sefarad*, nombre judío de España). La situación de rechazo que padecían en muchos de sus respectivos países de acogida se agravó especialmente a partir de los siglos xv y xvi, cuando las comunidades nacionales se definían especialmente por su religión; en ese contexto los judíos eran naturalmente unos inadaptados. Es curioso que fuera mayor la animadversión que recibían precisamente en los países cristianos que se consideraban a sí mismos «el verdadero y definitivo Israel» (ya se sabe que no hay peor cuña que la de la misma madera). Los judíos, que tendieron a vivir en barrios propios, fueron a menudo confinados en ellos y pasaron a ser el chivo expiatorio de cuantas catástrofes y desventuras afligían a las comunidades cristianas medievales. Tristemente célebres fueron los pogromos realizados en Castilla y en la Corona de Aragón (1391), en los que se ha pretendido ver un resentimiento por la Peste Negra que había empezado ya a diezmar Europa unas décadas antes.

En cuanto los Reyes Católicos entraron en Granada (1492) firmaron el llamado «Decreto de la Alhambra» o de expulsión de los judíos, salvo que se convirtieran al cristianismo en un plazo de tres meses. Algunos de los expulsados se dirigieron al actual Marruecos, donde sus tribulaciones aumentaron por el rechazo de la población. Pero la mayoría se marcharon al Imperio otomano, donde fueron bienvenidos porque aportaban habilidades fuertemente solicitadas, como conocimientos médicos y técnicos; Salónica se convirtió pronto en una ciudad con una importante presencia de los judíos, que jugaron un importante papel en la conversión de su puerto en el más importante del Mediterráneo. No dejó de ser comentado por los turcos en tono de burla la tontería de los reyes españoles, que enriquecían a los sultanes otomanos a costa de empobrecer sus propios dominios.

Pero la expulsión española se convirtió en la tónica imperante en Europa. A aquella le siguieron otras en todos los países europeos occidentales, y los judíos acabaron confinados en los países que quisieran acogerlos, principalmente en el Mediterráneo, donde muchos siguen conservando su cultura e incluso su lengua castellana, que llaman ladino.

En esa época se empezaron a delimitar dos tendencias distintas en el judaísmo internacional. Unos siglos atrás, los judíos habían sido en su gran mayoría sefardíes. Pero las expulsiones y su posterior implantación en la Europa central y oriental hicieron nacer el concepto de judío asquenazi, de mentalidad distinta y ya débilmente ligado a los sefardíes, pues eran los descendientes de aquellos que tanto antes como después de la destrucción de Jerusalén por los romanos se mantuvieron en Europa y finalmente vivieron bajo la dominación cristiana, sin contacto con Babilonia y con el ritual directamente recibido de Judea. De todos modos, en el actual nombre de sefardíes se incluye a los judíos de origen árabe, de Persia, Armenia, Georgia, Yemen e incluso de la India, sin ningún vínculo con la cultura hispánica, pero con similitudes en el rito religioso y en la pronunciación del hebreo que los sefardíes mantienen junto a las poblaciones judías de los países antes mencionados, características que no comparten con los judíos asquenazis. De hecho, en la actual definición de judíos adoptada por Israel, son sefardíes los que no son asquenazis.

El nombre asquenazi tiene su origen en el personaje bíblico Ashkenaz, bisnieto de Noé (Gén 10,3). Durante la Edad Media, el término geográfico «Ashkenaz» se asimiló a «Alemania» —quizás a causa de cierta similitud con «Sajonia»—, que pasó a ser el centro vital del judaísmo centroeuropeo o asquenazi. Los judíos emigrados al norte de Europa se fueron distribuyendo a lo largo de los siglos, paulatinamente, por todos los países del área, incluida Rusia, y, con el tiempo, gracias a la emigración europea a América, especialmente Estados Unidos, donde la mayoría de los residentes en ese país procedieron de la zona asquenazi de modo que hoy forman el 80% de la totalidad de los judíos del mundo.

Los asquenazis permanecieron aislados del resto de la diáspora durante siglos, y esto contribuyó a crear en ellos una tradición religiosa diferente. Por este motivo la *halakha* («ley religiosa») ha derivado en una *minhag* (conjunto de tradiciones admitidas) distinta, e incluso su forma hebrea (*yiddish*) pasó a ser hablada y pronunciada de una forma distinta. El asquenazi se caracteriza por una vasta gama de movimientos, ideologías, prácticas y tradiciones que incluyen estilos de vida propios, de mentalidad e incluso otros sistemas asociativos.

Los judíos eran conscientes de su eterno *forasterismo* en el mundo y, por eso, en el siglo XIX, muchos empezaron a regresar a su patria de origen, naciendo así el sionismo, ese afán por regresar a ella y constituirla de nuevo, que se expresaba en la consabida plegaria cuyo final era «el año que viene en Jerusalén». El judío mantenía la mente anclada en el lugar de origen de sus antepasados, consciente de que esa identidad que se mantenía en la diáspora sólo podía realizarse en los viejos escenarios. Por eso, cuando los primeros sionistas pensaron en reclamar una patria para ellos —llegó a pensarse en Uganda y en otros países africanos— el rechazo fue unánime: el retorno no podía efectuarse a otro lugar que no fuera Israel, el Israel bíblico, el de siempre.

Mientras tanto, el antisemitismo seguía vigente en Europa. Los *Protocolos de los siete sabios de Sión*, una patraña ideada por un monje ruso tomando como modelo un panfleto contra Napoleón III que nada tenía que ver con el problema, establecían calumniosamente que un grupo de expertos judíos había trazado una conspiración para apoderarse de la sociedad mediante la práctica y difusión de actividades corruptoras. En ese ambiente no era extraño que se produjeran brotes de antisemitismo. Los más conocidos fueron el caso Dreyfus, oficial francés judío condenado injustamente por alta traición, que removió las conciencias del país mucho más allá que un simple caso de culpabilidad o inocencia para convertirse en una discusión entre el sentido de autoridad en aras de la estabilidad nacional o la búsqueda de la justicia a cualquier coste. El asunto, que se arrastró a lo largo de una década y terminó con la rehabilitación del militar, supuso una especie de sorda guerra civil en el seno de la sociedad francesa. Por la misma época los pogromos rusos de 1881 removieron la conciencia europea y mostraron la intensidad del antisemitismo en algunos países. Todos estos hechos culminarían en el Holocausto, el asesinato colectivo de millones de judíos perpetrado por la maquinaria política más refinada y que constituye sin duda el mayor horror del siglo XX. Este hecho, que es necio pretender atribuir a una sola persona, constituye en realidad la culminación de un conjunto de odios latentes en la sociedad desde muchos siglos antes.

El nuevo Israel

Surge un nuevo Estado

Las cosas empezaron a cambiar en el siglo XIX para el pueblo judío.

Thedor Herzl (1860-1904) es el fundador del moderno sionismo, entendido no como una nostálgica utopía, sino como un plan viable. Conmovido por el caso Dreyfus, que se vivió en París a fines del XIX, lanzó la idea de que el problema judío sólo terminaría cuando se dispusiera de una patria territorial en la que se pudiera fundar un Estado moderno.

El sionismo teórico anduvo, al principio, de la mano de Inglaterra, máxima potencia mundial y colonial del momento. Fracasadas algunas sugerencias de instalarse en Uganda, pronto se concluyó que la nueva patria debía estar en Palestina, a la sazón ocupada por el Imperio turco. Herzl gestionó ante el sultán el permiso para que judíos de todo el mundo pudieran instalarse en la región, y empezó un lento movimiento humano hacia el territorio. Los judíos se establecieron en diversos lugares de Palestina, donde compraron propiedades, introdujeron nuevos métodos de cultivo y una incipiente industria de la que no dejó de beneficiarse toda la región.

La primera guerra mundial fue útil para los afanes sionistas. Voluntarios judíos de todo el mundo lucharon con Inglaterra contra Alemania, considerando que a través de la primera potencia podrían conseguir llevar a cabo más fácilmente sus pretensiones, una conducta que muchos alemanes no olvidarían, como tampoco la adhesión judía a la revolución soviética, que concedía igualdad de derechos y desterraba los pogromos. David Ben Gurion reclutó la primera fuerza armada judía regular desde los tiempos de la diáspora, y consiguió que James Balfour, Secretario británico del Foreign

Office, declarara ante la federación sionista inglesa que el Reino Unido «observaba favorablemente el establecimiento en Palestina de un Hogar Nacional para el pueblo judío y emplearía sus mayores esfuerzos para facilitar la obtención de este objetivo». Con este célebre documento, conocido como «Declaración Balfour», en cierta forma quedaban identificados judaísmo y sionismo.

Terminada la guerra con la derrota y desmembración del Imperio turco, Inglaterra, administradora de los territorios palestinos, congeló pronto su promesa y se limitó a intentar mantener un equilibrio entre los inmigrados judíos, buscando contentar también a los árabes sometidos a su mandato en la zona. Pero, lamentablemente, el ambiente entre los nuevos llegados y los componentes del *yisub* (comunidad judía con ciertas facultades para su propia administración) se iba haciendo cada vez más tenso, a la vez que los judíos manifestaban sus temores de sufrir agresiones en las granjas, que eran las zonas menos protegidas.

Por otra parte, el tipo de judaísmo inmigratorio iba variando: el sefardismo, antes dominante, iba siendo suplantado por el asquenazismo, y además el espíritu judío dejaba de tener sus raíces en la religión para ser un sentimiento colectivo muchas veces laico cuando no agnóstico.

El *Adjut Haabodá*, partido socialista único creado por el mismo David Ben Gurion, quien se convertiría en el padre del moderno Israel, constituiría uno de los primeros pilares organizativos del futuro Estado.

No tardaron en estallar las hostilidades entre las comunidades autóctona e inmigrada, y a medida que los ingleses relajaban su soberanía sobre sus territorios preparando su cesión, las comunidades judías se vieron atacadas por los árabes, que aún no empleaban el nombre de palestinos. Los judíos replicaron comenzando a organizarse en la llamada *Haganá*, organización paramilitar clandestina de defensa de las comunidades sionistas establecidas en Palestina contra las incursiones árabes, después contra sus asaltos a tiendas y granjas judías posteriores a 1920, 1921 y 1922 y, finalmente, contra la revuelta palestina en 1936. Al principio fue controlada por la organización sindical judía *Histadrut*, que, en 1948, ya alcanzada la independencia, se integraría en el *Tsahal*, ejército nacional judío.

Siempre en aras del mantenimiento del equilibrio, Inglaterra prohibió en los años treinta la inmigración judía procedente de Alemania, lo que acarreó la muerte en el holocausto de miles, quizá millones, de vidas que pudieron haberse salvado. El comportamiento inglés y el europeo en general creó en los judíos la conciencia de que en aquellos dramáticos momentos no fueron ayudados. Esa conciencia influyó, sin duda, en su firme convencimiento de que en caso de apuro sólo podían contar con sus propias fuerzas.

La fuerte oposición y resentimiento contra Inglaterra se manifestó en el empleo del terrorismo contra el mandato inglés en Palestina, a cargo de organizaciones como la *Haganá* y, sobre todo, el *Irgún*, este último creado exclusivamente para atentar contra los intereses de Gran Bretaña.

Finalmente, terminada la guerra con la derrota de Alemania y comprobado el horror del holocausto, las Naciones Unidas se tuvieron que enfrentar con el trance de dar la independencia a los antiguos mandatos europeos en el Próximo Oriente. En la desmembración política de esta área geoestratégica, tomaron la decisión de repartir el territorio palestino asignando un sector a los judíos y otro a los árabes. Se trataba de una solución parecida a la que también se adoptaba en la India entre musulmanes e hindúes. La partición fue aprobada en 1947, y el 14 de mayo de 1948, en cuanto la ONU se retiró de la zona, Israel proclamó unilateralmente su independencia, inmediatamente reconocida por la URSS y Estados Unidos.

Se trató de un momento histórico, no sólo para el judaísmo, sino también para la cristiandad y sobre todo para el islamismo, pues una antigua profecía proclamaba que el signo de que el fin de los tiempos se aproximaba sería que los judíos conseguirían formar antes un Estado. Este iría seguido por el reinado del Anticristo (el *Dajal* para los árabes), al que seguirían fuertes calamidades sobre la Tierra capaces de dejar pequeñas las vividas hasta hacía poco con la segunda guerra mundial. Según las diferentes profecías procedentes del Antiguo Testamento, especialmente en Daniel y el Apocalipsis, las Fuerzas del Mal se replegarían y presentarían su batalla final en Armageddon, de la cual saldría triunfante el Cristo, venido por segunda vez a la Tierra, que inauguraría el Milenio, un periodo de paz y amor entre todas las naciones.

Quizás estas profecías influyeron en la toma inmediata de las armas por parte de los países árabes vecinos, decididos a suprimir a Israel del mapa. El nuevo Estado tuvo que hacer frente desde el primer momento a continuas guerras contra sus vecinos: la primera en 1948, la segunda en 1956 y la tercera, llamada de los Seis Días, en 1967. En esta última las fuerzas israelíes ocuparon extensas regiones en Sinaí, Gaza, Golán y Cisjordania, territorio este perteneciente al vecino Estado de Jordania.

Este momento revistió una capital importancia porque las fuerzas judías se hicieron con la totalidad de Jerusalén —hasta aquel momento esta tenía el estatus de ciudad dividida— y llegaron finalmente, después de dos mil años, a la explanada de al-Aqsa. Los fieles judíos pudieron orar por fin ante el Muro de las Lamentaciones (fig. 10), práctica que mantienen desde entonces.

Este periodo de recuperación, que para muchos suponía la superación de la diáspora, resultó muy crítico y una fuente de problemas para Israel. La idea del templo (hekhal), cuya restauración era vista por muchos como una metáfora de la creación del nuevo Estado, quedó simbolizada en la expresión «el tercer templo».

Pero sólo los judíos ultra ortodoxos más convencidos (haredi), con su dirigente Rabbi Goren a la cabeza, contemplaban seriamente la posibilidad de hacer tabla rasa de unos mil trescientos años de historia árabe en la explanada de Haram ash-Sharif, pues incluso ellos estaban convencidos de que esta había sido la ubicación del antiguo templo. En la visión árabe, la Cúpula de la Roca pasaba a ser un monumento sacro en peligro de ser usurpado por otra religión —como ya aconteciera con los templarios— y por ello era inconcebible la restauración física del templo judío, que exigiría la previa demolición del sagrado edificio árabe, un lugar para los fieles comparable a la catedral de Santiago de Compostela para los cristianos. Cualquier atentado contra él levantaría una oleada de indignación no sólo en los países islámicos, sino en todo el mundo. Por ello el ministro israelí de Defensa Moshe Dayan decidió dejar a los musulmanes el control de su basílica y prohibir toda acción judía contra ella o contra la mezquita de al-Aqsa. Como indignada reacción, los rabinos judíos prohibieron a sus fieles el paso al lugar recordando que el templo sólo era accesible a los cohanim, dejando las plegarias de los fieles para el Muro de las Lamentaciones.

Desde entonces no han faltado problemas y enfrentamientos. Israel, con su seguridad siempre amenazada, ha protagonizado invasiones contra el vecino Líbano, escondrijo de terroristas. La paz firmada con Egipto bajo los auspicios de Estados Unidos supuso un alivio en su frente más peligroso, pero las *intifadas* han constituido una pesadilla para el Estado acosado, que lo han decidido finalmente a encerrarse en una barrera de alambre de espino y muros de hormigón, cuya construcción sigue en curso.

Mientras tanto, se ha buscado una solución al problema de Cisjordania, a cuya soberanía había renunciado hacía años el rey jordano Hussein precisamente para facilitar este hecho. Constituido allí un embrión de futuro Estado en situación de protectorado de Israel, el partido dominante *Fatah* ha sido desplazado del poder por otro más radical, *Hamás*, que mantiene una guerra sorda con el vecino judío. De hecho, la última *intifada*, la del año 2000, tuvo como pretexto formal la visita de Ariel Sharon, líder del partido Likud, a la explanada de Haram ash-Sharif «en embajada de buena voluntad», autorizada por el jefe de la seguridad palestina. En estos momentos, abandonada unilateralmente por Israel la zona de Gaza, *Hamás* bombardea desde allí las poblaciones israelíes fronterizas, lo que ha sido correspondido por su vecino con el aislamiento de la zona y un frecuente bombardeo recíproco desde el aire. ¿Cuál es el futuro de las dos comunidades obligadas a entenderse y, sin embargo, tan reacias a hacerlo?

¿Qué significa hoy ser judío?

Ser judío pudo significar en principio aceptar un determinado credo, una fe, pero hoy es sobre todo asumir la pertenencia a un grupo con un pasado y un presente. La conexión entre los judíos no se establece hoy por una lengua o una raza, ni siquiera por una religión o una historia, sino por el sentido de pertenencia al mundo judaico.

Desde luego, cualquier aproximación al mundo judío debe considerar la existencia de la Biblia, que es mucho más que un registro histórico: es una moral, una interpretación de los acontecimientos y de la vida, es poesía, es propaganda, es el mito alrededor del cual se configura el pueblo judío. En su comprensión juegan como factores de ayuda la arqueología —esta se ha convertido, en el actual Estado de Israel, casi en un deporte nacional—, la historia y el drama de la existencia actual, pero algo hay de indefinible en su esencia, aunque en ella ha jugado tanto la oposición de otros pueblos, singularmente el islamismo y el cristianismo, como su propia esencia.

Platón y otros filósofos antiguos atribuían el origen de toda cultura nacional a la revelación divina que les otorgó su código de leyes. El pueblo se mantendría feliz y próspero en tanto se mantuviera la observancia de este pacto, pero entraría en un proceso de decadencia y corrupción al extinguirse aquella. Es curioso notar el paralelismo de esta concepción con el *berith* entre Dios y el pueblo judío, tema constante en las Escrituras.

Incluso historiadores modernos como Toynbee han retomado esta teoría al establecer que una cultura se diluye en cuanto es incapaz de hacer frente a los desafíos que los nuevos tiempos le plantean.

El templo en el actual Israel

¿Y el templo? Diversas organizaciones trabajan para conseguir que se autorice su reconstrucción en la explanada o en otro lugar, e incluso están fabricando los atavíos sacerdotales, vasos y demás instrumentos para su culto. A fin de cuentas, la reconstrucción del templo juega un papel básico y aglutinador en el actual carácter judío. Aparte de las razones prácticas para el regreso de los judíos a Tierra Santa, no hay que olvidar que un tema constante en las profecías bíblicas es que un día el templo será visto una vez más, mayor y más espléndido que los que le precedieron, inaugurando el proceso del Milenio, en el que las doce tribus de Israel volverán a reunirse y el orden divino reinará sobre la Tierra.

Para muchos judíos la reconstrucción del templo es vista como una obligación histórica, reflejada en el dicho «Una generación que no reedifica el templo es juzgada como si lo hubiera destruido». Este punto de vista todavía es tomado hoy al pie de la letra por algunos fanáticos y extremistas, como los *Ateret Cohanim* («La Corona de los Sacerdotes»), partidarios de empezar físicamente una nueva construcción previo derribo de la Cúpula de la Roca, dejando así al descubierto la *Shakhra*, la roca sagrada en la que se asienta.

En definitiva, este fue, según la tradición, el escenario del sacrificio frustrado de Isaac a manos de su padre Abraham, y también el punto en que Jacob tuvo el sueño de la escalera hasta el cielo. Pero la misma roca es para los musulmanes, recordémoslo, el punto en el que Mahoma ascendió al cielo a lomos de *al-Buraq*.

En este terreno, el enfrentamiento entre judíos y musulmanes es incruento, pero igualmente enconado. En la actualidad, los estudiosos musulmanes sostienen que tanto David como Salomón son figuras no históricas, y ambos, e incluso el mismo templo, pertenecen al campo de la mitología judía. Ni que decir tiene que los judíos interpretan esta tesis como un mero intento de desanimar a los investigadores para la búsqueda arqueológica de restos en el monte Moriah, una espada de Damocles siempre pendiente en el reconocimiento histórico de ambas culturas.

En este campo, el *berith* entre Dios y su pueblo sigue vigente en interpretación moderna, pero trasladado a un campo más terrenal, laico e incluso ateo. ¿Es posible encontrar un sentido y una identidad al pueblo de Israel de forma que esté desligado de su Dios y fiado solamente al sentido moderno de patria, unidad y destino?, ¿podría interpretarse el *berith* como una nueva forma de entender una serie de deberes, como, por ejemplo, un sentido trascendente de la entidad judía?

¿Dónde estuvo el templo?

¿Existió realmente el templo?

Los arqueólogos, especialmente los judíos, buscan afanosamente evidencias que confirmen los episodios bíblicos. Son frecuentes los éxitos, pero la investigación es cada vez más difícil por los fraudes de quienes desean enriquecerse especulando con los deseos del pueblo judío *(véase el apéndice 7)*.

De hecho, desde un punto de vista histórico moderno, no existe ninguna evidencia de la existencia del fabuloso Salomón, y no son pocos los que lo sitúan enteramente en el campo del mito, igual que la huida de Egipto y las luchas contra los cananeos, en las que muchos ven simplemente una articulación de leyendas sobre la ocupación de la tierra de Canaán, de las que los judíos serían uno más de los antiguos pobladores hasta lograr el dominio sobre los demás pueblos. Histórica y arqueológicamente, las primeras confirmaciones sobre el pueblo judío surgen de la ocupación de su suelo por los asirios primero y los babilonios después.

La nebulosa anterior puede haber sido colmada por leyendas tendentes a justificar la legitimidad de la posesión de los judíos de Canaán.

No hay que decir que esta tesis es defendida denodadamente por los historiadores árabes, para los cuales toda ocupación anterior a los babilonios sería artificial, lo que de paso invalidaría, al menos desde el punto de vista religioso, las pretensiones judías sobre el territorio del actual Israel. Incluso la existencia del templo de Zorobabel está en entredicho en esta teoría maximalista, y el de Herodes no sería más que la realización de un viejo anhelo mítico en cuanto la prosperidad del pueblo lo permitió.

Y si ni el mismo templo es seguro, ¿qué habrá que decir del emplazamiento? Que el monte Moriah fuera tanto el del sacrificio frustrado de Isaac como el del sueño de Jacob parece una casualidad muy grande; de hecho, ni siquiera sobre este último acontecimiento hay consenso, ya que la tradición judía lo sitúa también en la localidad de Bethel, actual Betin, enclave de un santuario en el camino de Jerusalén a Sikem.

Hasta ahora hemos ido sembrando en el lector dudas razonables sobre la auténtica ubicación del templo de Jerusalén. Se da hoy por cierto a nivel sentimental y turístico que este se hallaba en la explanada de la Roca o, en su nombre árabe, Haram ash-Sharif («El noble santuario»), eventualmente ampliada, arruinada o vuelta a edificar. En la parte meridional de la explanada, de forma cuadrangular y con unas dimensiones aproximadas de 150 × 150 metros, se alza la mezquita de al-Aqsa. En el extremo opuesto se levanta una torre que se considera lo que queda del antiguo Fuerte Antonia. Finalmente, en el centro está la incomparable basílica musulmana de planta octogonal llamada la Cúpula de la Roca, nombre dado por el saliente rocoso que asoma en su interior, de sagrado significado para las tres religiones.

Los judíos consideran que este es el monte Moriah, es decir, que allí se alzaron los dos templos de Jerusalén, el de Salomón y el de Zorobabel (perfeccionado por Herodes el Grande). Los cristianos veneran unas huellas en dicha roca *(Shakhra)* que se supone que son las pisadas de Jesús al ser interrogado por Poncio Pilato. Los musulmanes, por su parte, afirman que en este punto realizó Mahoma su ascensión al cielo en su célebre caballo *al-Buraq*.

Refiriéndonos de momento a la primera de las tres religiones, parece sorprendente que los judíos hayan olvidado el que fuera el exacto emplazamiento de su templo. A fin de cuentas, en su destierro han repetido durante siglos el Salmo 137, al que también hemos aludido antes:

5. Si te olvido, ¡oh Jerusalén!, que mi mano diestra pierda su pericia.
6. Si no te recuerdo, que mi lengua se pegue a mi paladar,
7. [y] si a Jerusalén no pusiera por cima de mi alegría.

Pero ¿es esta verdad tan indiscutible?, ¿es posible que se les olvidara el sacro lugar donde estaba su templo? No olvidemos la antigua plegaria: «De la arrogancia del que cree que conoce toda la verdad, líbranos, Señor».

A lo largo del tiempo se han propuesto nada menos que siete posibles emplazamientos para el templo. Cuatro de ellos, espurios como hemos visto, en distintos puntos de Haram ash-Sharif. Los otros tres se reparten por el casco antiguo de Jerusalén, en lugares alejados casi un kilómetro uno de otro. Pero el lugar más probable es la antigua colina de Sión o «Monte del templo», denominaciones que son tratadas como sinónimas en las Escrituras. Se trata, como se ha dicho, de un sector muy reducido en la parte sureste de la actual ciudad antigua, la que fue viejo enclave de los jebuseos, que no sobrepasaría los 1500 habitantes, situada entre el torrente Cedrón y el Tiropeón, aunque junto a las orillas del primero, cerca de la fuente de Guijón, cuyos túneles eran accesibles desde el interior de la ciudad, lo que permitía el suministro al templo y resistir los asedios.

En 2000 el profesor Ernest L. Martin sacudió el mundo intelectual judío y mundial con una punzante afirmación. En sus razonamientos, desgranados punto por punto en un libro de 500 páginas, Martin afirmaba que en realidad *toda* la explanada de Haram ash-Sharif (y no solamente su extremo norte) había sido un campamento militar llamado inicialmente *Baris* que fue rebautizado como Fuerte (o Torre) Antonia por los romanos, lo que se aviene con la tradición de que allí fue interrogado Jesús.

En la tesis de Martin, a la que se han sumado muchos otros investigadores, la auténtica ubicación del templo, en el monte Sión, estaría al sur de la Torre Antonia (a unos 200 metros), olvidada y reedificada en las callejuelas del Jerusalén antiguo. El emplazamiento exacto estaría junto a la fuente de Guijón (o Gihón), al pie de la antigua colina de Sión, en el valle del Cedrón, donde Salomón fue consagrado rey (I Re 1,33-38-45), hoy *'en umm ed-derey* («Fuente de los peldaños») y entre los cristianos *'en sitt maryam* («Fuente de María»), la única de la zona que mana sin interrupción, que siempre fue objeto de atención de los reyes judíos por este motivo (fig. 11).

No hay que decir que esta hipótesis («un hecho», para el profesor Martin) incide gravemente en la conciencia de los miles de judíos que día tras día se congregan en el Muro de las Lamentaciones para llorar la pérdida del templo. Algunos se sentirían ridículos si llegaran a tener la certeza de que oran en un lugar equivocado, precisamente junto al campamento de los que destruyeron no sólo su templo sino la ciudad entera, de la que no quedó «piedra sobre piedra», como profetizara Jesús (Mt 24,2; Mc 13,12; Lc 19,41; 21,6).

Nada menos que las tres religiones abrahámicas podrían estar totalmente equivocadas, y sus fieles realizar sus oraciones en un lugar no sólo falso, sino que simboliza lo contrario a lo que desean recordar.

¿Cómo ha sido posible tal olvido? Es indispensable referirse a los hechos que narra la historia. Hay que recordar la referencia más directa que tenemos de la catástrofe del año 70, cuando no sólo el templo sino la ciudad fueron totalmente destruidos. Tito quiso repetir allí la lección dada dos siglos antes a Cartago, que quedó «sembrada de sal».

Flavio Josefo, un judío convertido en romano, relató en sus crónicas del siglo I la destrucción de Jerusalén, de la que no quedó «nada, hasta el punto de que a partir de allí difícilmente podía creerse que aquel lugar hubiera estado habitado» (Guerra, VII, 1, 1). Su testimonio queda refrendado por el de Eleazar, el caudillo de los que se quedaron resistiendo en Masada hasta ser barridos de allí en el año 73: «¿Dónde está la ciudad de la que se creía que el mismo Dios habitaba en ella? Está ahora demolida hasta sus mismísimos cimientos, y sólo quedó el campamento de sus destructores, los romanos, que permanece todavía entre sus ruinas». Se refiere, sin duda, a la Torre Antonia.

Aunque se ha dicho que Josefo y Eleazar «exageraron», sus testimonios quedan refrendados por el *Josippon*, una crónica de la misma época en la que se dice: «Cuando los líderes de la resistencia vieron que el Sanctasanctórum había sido quemado, incendiaron todo el resto del templo con las casas de Jerusalén, diciendo: "Ahora que el Sanctasanctórum ha sido quemado ¿para qué vivir?"». Otro documento, el llamado Segundo Baruq', insiste en lo mismo: «Destruyeron las casas y destrozaron hasta sus cimientos».

El templo era especialmente vulnerable a los saqueos por las riquezas que se presumía que había en su interior. En los años siguientes a la destrucción de la ciudad se completó el desastre cuando se dio permiso a muchos judíos para escarbar entre los restos en busca de objetos preciosos. Recordemos que cuando el templo estaba en pie las autoridades judías habían permitido ocupar en alquiler pequeñas habitaciones en sus anexos (lo que hoy llamaríamos cámaras de seguridad bancarias), en los que presumiblemente se guardaban oro y joyas.

¿Por qué pensar que la explanada de Haram ash-Sharif no fue la del templo? En primer lugar, son numerosas las pruebas que testimonian que el original monte Moriah no estuvo allí. Basta con leer a Isa 32,14, donde se afirma que la característica más importante del monte Ophel (la extensión al norte de Sión) eran sus minas, aludiendo sin duda a las de agua de la fuente de Gihon o Guijón.

El hecho de que en las Escrituras se mencione la Torre Antonia como situada al norte del templo indujo a creer que debía ocupar un extremo de la explanada, asumiendo que estuvo situada en el centro de esta. Incluso se dibujaron, más o menos fantasiosamente, planos en los que se superponía este con la Cúpula de la Roca.

Sin duda influyó en esta creencia el resultado de las excavaciones de Warren, el arqueólogo victoriano. Las minas halladas en la explanada (bajo la misma Cúpula nunca se ha permitido excavar) espolearon la imaginación de quienes suponían que estaban situados allí los fabulosos tesoros de cualquier edificación preexistente que habían saqueado los Cruzados durante su estancia en la ciudad.

Sin embargo, es fácil ver que una torre situada en el extremo norte nunca habría podido tener la capacidad suficiente para albergar los efectivos que un puesto de control para una ciudad como Jerusalén exigía. Se ha calculado que no sería inferior a 5000 el número de soldados necesario para mantener operativas las tropas de ocupación, a los que habría que sumar otros tantos entre ayudantes, criados y responsables de armamento, además de pertrechos de todo tipo. La explanada guarda gran semejanza con otras conservadas en ciudades similares del imperio, tanto en extensión como en forma.

Se ha intentado disminuir la extensión del Fuerte Antonia para superar la dificultad de hacer caber en la explanada de Haram ash-Sharif tanto el templo como el mismo fuerte, y para ello, ya que se tenía la noticia de que este se hallaba al norte del templo, ha sido ubicada la construcción militar en una esquina del terreno, basándose en unas huellas en el pavimento de dibujos para juegos practicados por los soldados. Pero en realidad, toda la explanada era el fuerte; no era posible una menor extensión ni tampoco hubiera sido posible compartir el solar con actividades tan heterogéneas. Además, el fuerte era tan grande que dominaba sobre el templo, como consta en las fuentes de la época.

Por otra parte, las famosas huellas de Jesús en la Roca interior a la Cúpula son otro factor determinante. De hecho, se trata de un tipo de leyenda hagiográfica bastante corriente (en Barcelona, sin ir más lejos, hay otra idéntica relativa al martirio de los santos Justo y Pastor) y bastante forzada, pues la tradición dice que Jesús estuvo de pie sobre este saliente rocoso oyendo los cargos contra él «para poder ser bien visto». Sería el único caso en la historia en que el acusado es situado en un lugar más elevado que el acusador.

Pero jamás en las Escrituras es nombrada dicha Roca, que sin duda hubiera sido un elemento conspicuo en el interior del templo y difícilmente omitible en sus descripciones. En el lugar hubo en el siglo v, probablemente en tiempos de la emperatriz Eudocia, una iglesia bizantina llamada «Iglesia de la Santa Sabiduría». Nada tiene que ver, desde luego, con la «roca de la fundación» del mismo templo, considerado el «ombligo del mundo».

En realidad, el templo se hallaba a unos 500 metros al sur de la Cúpula de la Roca, posicionado cerca de la fuente de Guijón. Estaba unido a la explanada por una doble columnata citada varias veces en los documentos contemporáneos, lo que permitía establecer una fácil comunicación entre ambos elementos y el palacio de Herodes el Grande. Esto ha dado pie a las complicaciones que aparecen en el Evangelio cuando se relata, durante la noche de la Pasión, la presencia de Jesús ante el gobernador romano, frente al sumo sacerdote e incluso al rey Herodes Antipas.

¿Qué significa esto? Sencillamente, el Muro de las Lamentaciones no era el soporte de la plataforma del templo, sino sencillamente del campamento romano. Todas las evidencias apuntan en esta dirección.

Huelga decir la revolución que supondría la aceptación de esta teoría, destructora de toda la superestructura espiritual montada hoy sobre los sitios santos. Sin duda resulta menos perturbador seguir considerándolos, «por definición», como los actualmente establecidos. Quizá llegue un día en que pueda emprenderse la restauración de la verdad histórica y arqueológica sin mayores perturbaciones, pero no resultaría prudente, ni para la religión ni para el turismo religioso, andar trastocando hoy una serie de emplazamientos en torno a los cuales se ha construido toda una teoría histórica de la Ciudad Santa.

El templo y la cábala

Quizá no exista un tema más estudiado por la cábala que el templo. Y a tal estudio, tales resultados. El cúmulo de relaciones descubiertas por los estudiosos es de tal magnitud que, como diría San Juan, «no caben en el mundo tantos libros». Relaciones metrológicas, gemátricas, isopséficas y puramente numerológicas… Todas configuran una red de claves esotéricas cuyo estudio ha llevado siglos de observación, y muy especialmente, la llamada «Jerusalén celestial». ¿Existe esta Jerusalén? Su primera referencia es vista por los estudiosos en Sal 121,3: «Jerusalén, construida cual villa / de trabado caserío». El *Zohar*, libro de la sabiduría rabínica, profundiza en la idea de templo celestial, mencionado en bastantes lugares en la literatura del Antiguo Testamento y en los libros hebreos. El templo es visto allí como una alegoría de la armonía cósmica en tres niveles de los reinos celestiales, el mundo material y el cuerpo y alma humanos, con el estudio de las interacciones consiguientes entre ellos.

En otro punto del mismo libro se especifica: «El Santuario terrenal depende del Santuario superior, y este Santuario superior depende a su vez de otro Santuario superior, el más exaltado de todos. Unos están incluidos en otros y este es el significado del verso (Éx 26,6): "Y el Santuario era uno"» (Zohar Pekudey II, 235a).

Esta frase indica que hay dos santuarios celestiales, uno encima del otro. Su esencia se entrevé en este verso: «Hay un río cuya corriente lleva alegría a la ciudad de Dios, el lugar celestial de las fuentes del supremo (*Mishkey Elyon*)» (Sal 45,5). La frase hebrea *Miskey Elyon* podría ser traducida también como «los santuarios de arriba», aludiendo a los dos mencionados.

El más bajo de estos santuarios es citado en el comentario midrásico en el verso: «Y acaeció que el día en que terminó Moisés de erigir el tabernáculo [santuario]» (Núm 7,1). Al respecto, el Rabí Simón dijo: «Al tiempo cuando el Celestial (alabado sea su nombre) dijo al pueblo judío que erigieran el Santuario, sugirió a los Ángeles que también ellos deberían hacer un santuario. Cuando el Santuario fue erigido en el mundo inferior, el santuario angélico fue erigido encima. Este es el santuario de la "escalera", el ángel cuyo nombre es Metatron, donde ofrece los almas de los *Tzaddikim* para que expíen por Israel durante su tiempo de exilio» (Bemidbar Rabbah 12,13).

El pasaje citado del Zohar indica que incluso por encima de este santuario celestial existe otro. Este supremo templo celestial abunda en los escritos sagrados, y a él se refiere San Juan en su Apocalipsis.

Metrología sagrada

Las medidas que expreSan longitudes, pesos o números de multitudes que aparecen a lo largo de la Biblia no son accidentales. Su interpretación resulta en algunos casos clara y en otros bastante difícil. Por ejemplo: las regulares medidas del Sanctasanctórum ($20 \times 20 \times 20$ codos) encierran una simbología diáfana, alrededor del cubo como figura perfecta, símbolo del universo. Pero ¿hay algún mensaje oculto en el número 42 360, es decir, el de los peregrinos que regresaron a Jerusalén tras el cautiverio de Babilonia?

No podía dejar de relacionarse la gematría con el templo, buscando aquellas coincidencias especialmente significativas que supusieran la revelación de claves escondidas. Los resultados de esta investigación son ya abundantes, pero aun hoy continúan apareciendo nuevas y sugestivas relaciones.

Nos limitaremos en lo que sigue a la gematría en clave castellana.

Metrología del Arca y del templo

Las medidas indicadas para el templo de Salomón son de una pasmosa regularidad. La más importante, la del Sanctasanctórum o Santísimo, es un cubo perfecto de 20 codos de lado. Es decir, su volumen es $20 \times 20 \times 20 = 20^3 = 8000$ codos cúbicos. Pero este número es a su vez suma de cuatro cubos consecutivos: $8000 = 11^3 + 12^3 + 13^3 + 14^3$.

Esto erige al cubo como la figura más perfecta y símbolo del universo; esta figura se repetirá en la Jerusalén celeste, a una escala 240 000 veces mayor (el punto central de la cábala, «el arcano» = 240, y además 240 = $2^3 + 2^3 + 2^3 + 6^3$).

Las medidas del Arca de la Alianza son 2,5 × 1,5 × 1,5 codos. Obsérvese que la relación entre el largo y el ancho o alto es 2,5/1,5 = 1,666, que con gran aproximación es Φ, la llamada «razón áurea»,[13] proporción utilizada en el Renacimiento y por los griegos. Es decir, que su belleza numérica estaría ya presente entre pueblos anteriores, entre ellos los israelitas.

Pero además, estas proporciones se repiten, en otro orden, en el «Santo» del templo, que medía 20 × 30 × 30 codos, o sea, 18 000 codos cúbicos. Este número es nuevamente la suma de cuatro cubos, $18 000 = 8^3 + 14^3 + 16^3 + 22^3 = 10^3 + 10^3 + 20^3 + 20^3$.

Las longitudes del vestíbulo, el Sanctasanctórum y el Santo son, respectivamente, 10, 20 y 30 codos. Es decir, están en la relación 1:2:3. El célebre monolito de la novela y película *2001: una odisea del espacio*, que representaba el principio generador de la inteligencia universal, tenía las dimensiones 1 × 4 × 9, es decir, los cuadrados de los anteriores. La relación entre el vestíbulo más el Santo y el Santo es 40:30, o sea 4:3 = 1,333.

En las fortalezas construidas por los templarios se repetían una serie de proporciones inspiradas sin duda en las del templo. Así sucedía con las torres octogonales (2 × 4) que a menudo presidían las construcciones o los campanarios de sus basílicas. También ocurría en los lados dados a los castillos (24 = 2 × 3 × 4) y hasta con el número de torres (12 = 3 × 4) que solían flanquearlos. La cruz templaria guardaba asimismo unas proporciones de ese tipo: la base era igual a la mitad del lado del cuadrado que la contiene; en otras ocasiones estaba inscrita en un octógono regular.

Otras relaciones matemáticas

La práctica de la adivinación matemática relacionada con el Urim y Thummim, aplicada a *n* personas y partiendo el grupo cada vez en dos, permite

---

13. El valor exacto es Φ = 1,618...

hallar el individuo buscado mediante pruebas de respuesta sí/no en un número de intentos igual a $\log_2 n$ (donde log representa el logaritmo en base 2 del número de personas).

Veamos los gemátricos de las palabras:

$$\text{«Urim»} = 439$$
$$\text{«Thummim»} = 637$$

El cociente entre ambas cantidades es $439/637 = 0{,}70$, que es precisamente el log 2 (en este caso, logaritmo neperiano o natural).

Pero, además, el volumen del Arca es $1{,}5 \times 1{,}5 \times 2{,}5 = 5{,}625$ codos cúbicos, que en unidades métricas equivale a $0{,}70\ m^3$. Nuevamente, con gran aproximación, aparece aquí el log 2. El volumen del Sanctasanctórum es, como vimos, $20 \times 20 \times 20 = 20^3 = 8000$ codos cúbicos. Esto significa que en el Sanctasanctórum cabría un número de Arcas igual a $8000/5{,}625 = 1422$. Pero 1422 es el gemátrico de «La sinagoga de Nazaret».

Vimos que la relación entre la «zona asequible» y el Santo era 1,333. El factor de conversión entre volúmenes de cubos de ese lado será el cubo de esa cantidad, o sea, $1{,}333^3 = 2{,}368$.

Pero precisamente 2368 es uno de los números con más propiedades simbólicas:

• Es el gemátrico de *Iêsous Christos*, «Jesucristo», así como de numerosas frases alusivas a Él: *o hagiôs ton hagiôn*, «el Santo de los santos».

• Un cuadrado de altura igual a la de un pentágono tiene un área de 2368, tomando como unidad el lado, lo que refuerza la relación mística de la estrella pitagórica (de cinco puntas) con el Cristo crucificado.

• Se relaciona también con 1746, pues añadiendo *tauton, thateron, kai ousia* («el Mismo, el Otro y la Esencia») es = 2368.

• 2367 es el gemátrico de «Bendita tú eres entre todas las mujeres», alabanza expresada por el arcángel San Gabriel en la Anunciación.

• En fin, 2368 es la suma de la frase del Apocalipsis *kai ho arithmos autou ch-x-s* («y su número es el 666») = 2368, lo que establece, según algunos, que el *therion* al que se refiere la frase es el propio Jesucristo.

La diagonal del Sanctasanctórum es 20 × √3 = 20 × 1,732 = 34,64 codos. El cociente entre el lado y la diagonal es 1/√3 = 0,577. Pero 577 es el gemátrico de «templo sabio» = «La Estrella de Jacob» = «Temor de Dios».

¿Pi = 3?

En I Re 7,23 se da una referencia que se ha interpretado siempre como una muestra de la poca cultura matemática del pueblo elegido. Dice:

> *Hizo luego un mar de metal fundido, de diez codos de borde a borde; era perfectamente redondo, de cinco codos de altura, y un hilo de treinta codos ceñíale alrededor.*

Según este párrafo, el número π («pi») valdría 3, que es la aproximación más grosera que se registra en los anales de las matemáticas antiguas (el valor real es 3,14159265358979...).

Ni que decir tiene que los exegetas de todos los tiempos se han afanado en deshacer esta, según ellos, aparente contradicción, y los resultados han sido de todo tipo.

Pero el comentario que le ha sido aplicado por Judah Loew, llamado el Maharal[14] de Praga (siglo XVI), es a la vez una muestra muy ingeniosa del arte de interpretar los textos buscando sus sentidos ocultos, reales o imaginarios. El rabí sugirió que, en la tradición judía, las palabras de los libros de los profetas son leídas *(Kri)* a menudo de forma distinta de como son escritas *(Ktiv)*, cosa de hecho muy frecuente en otras muchas lenguas. En su forma escrita *(Ktiv)*, el verso usa la palabra KaVaH (Kof, Vav, Hey) para el desarrollo de la circunferencia. Sin embargo la palabra se leía *(Kri)* como KaV (Kof, Vav). El valor numérico de KaVaH es 111 (K = 100, V = 6, H = 5), mientras que el de KAV es 106 (K = 100, V = 6). La razón entre esos dos números (111/106 = 1,047169) se aproxima mucho a la razón entre pi y 3 (1,047197), lo que se corresponde con el valor de pi = 3,141507, que es

---

14. Maharal, del acrónimo MaHaRaL correspondiente a Moreinu ha-Rav Loew, «Nuestro maestro el rabí Loew».

exacto al 99,997%. Según esta interpretación la estimación bíblica pasa de ser una aproximación tosca a la mejor de todas, con la única excepción de la china 355/113 = 3,1415929...

De todos modos, el ingenio desplegado por los numerólogos de todos los tiempos para «salvar el honor» de la cita bíblica ha sido infinito. La errónea estimación de pi se contiene en I Re 7,23, y es repetida en II Cró 4,2. Pero consideremos el primer versículo. Si de 23 restamos el 1 inicial, obtenemos 22/7 = 3,14..., que es una muy buena aproximación de pi. Más aún: apliquemos el factor 2 de diversas maneras: 7 × 2 = 14; 2/2 = 1; 3 × 2 = 6. Es decir, en total, 1416, las cifras decimales de pi.

De todos modos, esta no es la única duda de tipo matemático. Prosiguiendo con la descripción del *mar de bronce*, en I Re 7,2 se dice que el *mar* medía «cinco codos de altura», y un poco más adelante (7,26) que «tenía el grueso de un palmo».

Con estos datos es posible calcular el volumen, aunque sea aproximadamente. El codo egipcio valía entre 523,5 y 524 mm (no tenía la precisión actual). En la época del templo, se cita como valor aproximado entre los judíos el de 428,1 mm. El codo romano tenía un valor intermedio, 444,5 mm.

Desde luego, es probable que la medida se refiera al codo egipcio, pero es conocida la discrepancia que se daba antiguamente entre las medidas de unos y otros pueblos; pensemos solamente que el templo ni siquiera fue dirigido por constructores egipcios, sino fenicios. Una precisión milimétrica sería ilusoria, por lo que tomaremos, simplificadamente, el codo igual a medio metro.

Tomándolo, en el mejor de los casos, como cilíndrico, el radio interior sería de cinco codos menos un palmo, aproximadamente 2,50 – 0,20 = 2,30 m. Suponiendo el mismo grueso en el fondo, la altura interior del cilindro sería 2,50 – 0,20 = 2,30 m. Por tanto, el volumen sería:

$$V = \pi \times 2,30^2 \times 2,30 = 38,22 \text{ m}^3 = 38\,220 \text{ litros}$$

En 7,26 se dice que el volumen era de «dos mil *bats*». Siendo el *bat* aproximadamente igual a 40 litros, el volumen afirmado sería de 2000 × 40 = 80 000 litros, es decir, más del doble del máximo posible según las dimensiones dadas. Con los valores dados para el grosor de las paredes, el peso de estas, tomando una densidad del bronce igual a 8,90 g/cm^3, sería:

$$P = 8{,}90 \times \pi \times [2{,}50^3 - 2{,}30^3] = 96{,}69 \text{ Tm}$$

Resulta improbable tal consumo de bronce en el depósito porque hubiera sido completamente innecesario para garantizar su estabilidad.

Isopsefías relativas al templo

El análisis gemátrico proporciona numerosas conexiones entre los elementos relativos al templo. Por ejemplo, este se empezó «en el año 480 de la salida de los israelitas de Egipto» (I Re 6,1), y 480 es el gemátrico de «La casa del Señor». Además, reuniendo este concepto con el cristianismo, es también «Sacrificio de la misa» = 480.

Observemos que «templo» = 405, valor que queda entre «culpa» = 404, «idolatría» = 404 y «rescate» = 404 por una parte, y «gentiles» = 406, «la infidelidad de Israel» = 406, «tinieblas» = 406 por otra. De este modo, el templo es el punto que, concentrando todos estos conceptos negativos, los unifica y redime por la vía del colel.

La misma palabra «templo» = 405 tiene una gran cantidad de palabras isopséficas. Así, «acaudalado», «arrodillar», «cava» (recordemos las numerosas que se ocultan bajo él, como la de la fuente de Guijón), «fragua» (en la que se forjó Israel), «memoriosa» (nada más alusivo al recuerdo que siempre su pueblo conserva de él), «minero» (nueva referencia a la fuente), «renovación» (alusión a la Jerusalén celestial), «rescatada» (por sus continuas reconstrucciones)… y otras referencias negativas, como «anoréxico», «desadornar», «despojadora», «dolorosa», «entristecer», «letárgico», «resentido», todas ellas relacionables con episodios de la historia del pueblo judío. El mismo valor gemátrico de «Jerusalén» = 581 tiene mucho interés ya que aparece en «La eternidad de Dios» = 581, y en «testigo» y en «valor».

El número cabalístico 490, que corresponde a las «setenta semanas de años» de la profecía de Daniel (Dan 9,24), al cabo de las cuales sería recuperado el templo, se revela de forma diáfana en el análisis: «Rescatar» = «El templo fiel» = 490.

En fin, el conocido número 666, presente en el Apocalipsis e identificado como un número solar o «de la bestia», aparece en los pecados de los israelitas: «Concupiscencia» = 666. Es posible que inicialmente se refiriera a Nerón, pues sus valores hebreos suman:

$$QSR\ NRWN = 100 + 60 + 200 + 50 + 200 + 6 + 50 = 666$$

En todo caso, los análisis efectuados sobre el 666 darían para un libro entero, por lo que los omitiremos.

El valor mitad es el de «El anatema» = 333. El número lunar 1080, en razón armónica con 666 (1080/666 = 1,618, la razón áurea), se encuentra en «El templo profundo».

El número 888, identificado con Jesucristo, aparece en «El valle de Josafat» = «Estrella de David» = «Los doce Apóstoles» = 888.

Mucho queda pues por investigar. Terminemos con unas alusiones a las columnas del primitivo templo de Salomón. «Yakín» = 780. Isopséficas: «Los seis días de la Creación» = 779, y otras más relacionadas con su carácter: «equilátero», «festivo», «humanístico». En cuanto a «Boaz» = 863. Isopséficas: «Templo tradicional» = 862; «El Hijo de la Virgen María» = 864. Más isopséficas de «Boaz»: «convergencia», «destruidora», «invencible», «perpetuación», «resucitadora». Obsérvese que, en clave gemátrica griega, la palabra *Ierousalem* (Jerusalén) = 864 es el número que ha sido llamado «de la fundación».

Las letanías del templo

Las imprecaciones que a modo de oración se formulaban y formulan sobre el templo tienen una curiosa correspondencia gemátrica con otros conceptos bíblicos. Por ejemplo, a través del «templo del encuentro» se relacionan «Las tentaciones de Jesús» y «No nos dejes caer en la tentación». Y «Soy hombre pecador» ¿no supone un reconocimiento de «La destrucción del templo» anterior? Por todo ello, la advocación al templo se ve contestada por los fieles con el correspondiente concepto, relacionado subterráneamente por vía isopséfica.

Recuérdese lo dicho sobre el colel y téngase en cuenta que las frases latinas han sido valoradas de acuerdo con la escala propia de esa lengua.

Templo de fe	La parábola de la red	425
	Las cinco llagas	425
Templo agradable	En el nombre del Padre	546
	Estrella de Jacob	546
	La bendición de Moisés	546
	La presencia de Dios	546
Templo del cielo	Santidad de Dios	551
Templo noble	La condena del Sanedrín	552
	Reina de los ángeles	552
Templo rico	Escala de David	567
	Evangelio	567
	Los doce millares	567
Templo del más allá	Altar del incienso	647
Templo del hombre	A la diestra del Padre	649
	Dios refugio	650
Templo alegórico	El tetragrama	670
	Imposición de manos	670
	La Última Cena	670
	Las dieciocho oraciones	670
	Sede de la sabiduría	670
Templo cósmico	*El Libro de la vida*	680
	Eloi Eloi lama sabakhthaní	680
Templo de Herodes	Circuncisión	686
	La plaga de las tinieblas	686
	Parábola del sembrador	686
Templo de oración	Creador de la Tierra	687
	Dios es eterno	688
Templo de la religión	El templo alegórico	705
	La huida a Egipto	705
Templo simbólico	*El Libro del Apocalipsis*	718
	Eucaristía	718
	María madre de Santiago	718
	El Niño Jesús	718
Templo de las familias	Juicio de Salomón	741
Templo espléndido	Los dos endemoniados	742
	Tabernáculo	742
Templo clemente	Dragón vencido	743
	El bosque de Líbano	743
	El monte Tabor	743
	Una pareja de cada especie	743

Templo de Salomón	La sangre de Cristo	755
	Libro del Eclesiástico	755
	Unión con Dios	755
Templo de eternidad	Templo de unidad	782
	Corpus Christi	782
	El Libro de la sabiduría	782
	En el principio era la palabra	782
	Poner la otra mejilla	782
	Querube	782
Templo grandioso	La brevedad del hombre	786
	La unión con Dios	786
	Moisés el caudillo	786
Templo celestial	*El Libro de Lamentaciones*	788
	La fiesta de las semanas	789
Templo de sacrificios	Festín de Baltasar	804
Templo eterno	Ciudad sacerdotal	815
	Hosanna al hijo de David	815
	La oveja descarriada	815
	Santa María madre de Dios	815
Templo santo	Adonay	816
	El mensaje evangélico	816
	Las tres negaciones	816
	Los apóstoles	816
	Los pastores	816
Templo brillante	El sermón de la montaña	822
	Holocausto	822
	Tiranía de los egipcios	822
Templo místico	Cinco mil hombres comieron	826
	Mar Muerto	826
	Mi hijo unigénito	826
Templo de Jahvé	El festín de Baltasar	838
Templo de Jahveh	Traición de Judas	846
Templo altísimo	Israel cepa seca echada al fuego	854
Templo poderoso	La viuda de Naím	854
Templo tradicional	Templo de la humanidad	862
	Jesús o Barrabás	862
	Sueños del faraón	862
Templo de Herodes el Grande	Buen Pastor	878
	Consagración del templo	878
Templo público	Culto al becerro	879

El Templo de Jahveh	Los hijos de los hombres	881
Templo de unión	Deuteronomio La casa del bosque de Líbano Providencia de Dios	883 883 883
Templo sublime	Día de la expiación La censura de Natán	891 891
Ruina del templo	Pentateuco Roma, la Ciudad Eterna	894 894
Templo de Jehová	Templo del mundo	898
Templo del pueblo	La iglesia de Antioquía	911
Templo de prosperidad	El alfa y la omega El apóstol Juan	917 917
Templo del público	Conquista de Canaán El templo de unión Hijos de los profetas	918 918 918
Templo de la divinidad	Escúchanos Señor Interpretación de la Biblia La epístola a Santiago La serpiente del Paraíso	935 935 935 935
Velo del templo	Ángel de los bosques El banquete sacrificial Vulgata	939 939 939
Templo prometido	Jerusalén santa La unión fraterna	943 943
Templo histórico	El buen samaritano	944
Pináculo del templo	La caída de las murallas de Jericó La epístola a los Hebreos Los canastillos de higos	967 967 967
Templo santísimo	Apocalipsis de San Juan El ángel de los bosques El velo del templo *Iesus Christus*	974 974 974 974
Templo venerable	Yo pecador	993
El pináculo del templo	Las tres personas	1002
Templo de agrupación	La Jerusalén celestial	1005
Templo antiguo	El grano a punto de caer	1032
Templo luminoso	Purificación del templo	1054

Templo de revelación	Aleluya	1067
	Epístola a los romanos	1067
Templo sacrosanto	Templo supremo	1070
	El Libro de los números	1070
Templo de los templos	El centurión Cornelio	1109
	Tablas de la Ley	1109
Templo sobrehumano	*El Libro de proverbios*	1121
	Los hijos del trueno	1121
	Santo de los santos	1121
Los mercaderes expulsados del templo	*El Libro de la alianza*	1158
	Las diez plagas	1158
Templo del encuentro	No nos dejes caer en la tentación	1207
	Precursores del Mesías	1207
	Tentaciones de Jesús	1207
Templo espiritual	El Muro de las Lamentaciones	1219
Impuesto del templo	Columna excelsa	1228
Templo de paz	Elías y los leones	1285
	Riqueza	1285
Templo del pueblo judío	Las Leyes de Moisés	1294
La destrucción del templo	Soy hombre pecador	1299
Templo universal	Templo de unión fraternal	1356
	Las llaves del reino de los cielos	1356
	Los azotes	1356
Templo de proyección	Creador de cielo y Tierra	1464
Templo mayúsculo	La madre y los hermanos de Jesús	1939

El pectoral del Sumo Sacerdote

Un punto que ha atraído siempre la atención de los cabalistas es el pectoral *(joshen)* que llevaba el sacerdote encargado del servicio en el interior del santuario del desierto *(mishkán)*. Era una placa cuadrada (*Ravua yihyé kaful, zeret orko ve zeret rojbo*, «Cuadrado será, doble, de un palmo de largo y un palmo de ancho»), guarnecida con doce piedras preciosas con los nombres de las doce tribus israelitas (Éx 28,15).

La palabra *joshen* que designa al cuadrado es importante, puesto que las tres letras que la componen significan, en otro orden, «adivinar» *(najosh)*, y quien utiliza este cuadrado se convierte en un «adivino». Resulta también llamativo que este verbo «adivinar» en hebreo significa, a la vez, «serpiente», *najash*, la serpiente que aparece en varios pasajes de la Biblia con funciones diferentes y a primera vista paradójicas: la serpiente que tienta a Eva para que pruebe el fruto del árbol del conocimiento, o sea, la serpiente del pecado original, la serpiente de los prodigios de Moisés y también la de los magos del faraón, la serpiente que muerde y mata en el desierto, la serpiente que cura en ese mismo desierto, probable origen del caduceo.

En Éx 28-30 se define con gran detalle la composición del pectoral de los ornamentos sagrados del sacerdote, en el que se insertaban los ornamentos llamados *urim* y *thummim*.

El pectoral tenía 12 campos dispuestos en 4 filas de 3 que están dedicados a las 12 tribus de Israel.

Los números gemátricos asignados a estos campos, correspondientes a las tribus, eran:

30	466	259
7	570	54
95	830	501
331	395	162

Agrupándolos como en la figura, se llega a interesantes conclusiones gemátricas:

- La fila inferior suma 888, el gemátrico de Jesús.
- Los tres de la tercera fila más el último de la segunda suman 1480, gemátrico de Cristo.
- Los tres de la primera fila suman 755, número de Jesucristo en hebreo.
- Finalmente, el primero y segundo de la segunda fila suman 577, gemátrico de «el reconstructor» (Isa 58,12).

Ciertamente, todas estas coincidencias son interesantes... aunque la Biblia no menciona estos números, sino que son el resultado de cálculos gemátricos realizados posteriormente. Y con tal grado de libertad es fácil poblar las casillas del tablero de 4 × 3 de forma que se cumplan las relaciones antes vistas.

El número de la fundación

Es corrientemente denominado así el 864, que hemos visto antes. Es en clave griega el número de *Ierousalem* y posee diversas peculiaridades. Es la mitad de un número cúbico perfecto: $12^3 = 12 \times 12 \times 12 = 1728$, y $1728/2 = 864$. Es además la suma de cuatro cuadrados de números en progresión aritmética, $864 = 8^2 + 12^2 + 16^2 + 20^2$.

El número 864 es llamado «de la fundación», y aparece en muchas dimensiones relacionadas con el templo. En la gematría griega del Nuevo Testamento, 864 corresponde a palabras o frases como «altar», «piedra angular», «santuario de los dioses», «santo de los santos» y, como se ha dicho, «Jerusalén».

La forma cúbica está fuertemente vinculada al templo. Recordemos que el Sanctasanctórum era un recinto cúbico de 20 × 20 × 20 codos. En el templo de Ezequiel, el altar es descrito como un cuadrado de 12 × 12 codos. No consta su altura, pero el altar tradicional era concebido como medio cubo, tal como sucedía con el de Salomón.

Por tanto su volumen sería 12 × 12 × 6 = 864 codos cúbicos. El área de los seis lados de un cubo de 12 × 12 × 12 es 864.

Se ha dicho de 864 que «pertenece a un centro de energía radiante, el Sol en el sistema solar, puesto que el diámetro de nuestro astro rey es de 864 000 millas. Por ello, el equivalente del Sol en el cielo es Jerusalén en la Tierra, el centro de irradiación, la piedra básica en la cual se asienta todo el mundo».

En el Antiguo Testamento, «Daniel en el foso de los leones» = 864, lo que establece una correspondencia entre el recinto sagrado y el lugar donde Yahvé manifestó su fuerza.

Y, en el Nuevo Testamento, la relación «El hijo de la Virgen María» = 864 es para los cristianos la legitimación definitiva del templo como casa de Dios, representado por su Hijo Jesucristo.

La Jerusalén celestial

El concepto del templo en la literatura apocalíptica

El templo ha sido siempre considerado en todas las culturas como el lugar de unión entre las fuerzas cósmicas y las terrestres. Para los babilonios, la Casa del Señor y para los griegos la Roca de Delfos representaron el centro universal; ambos disponían de rocas equivalentes al «ombligo» *(omphalós)* del mundo. Para los judíos, después de la destrucción del templo y a falta de él, su emplazamiento, la ciudad de Jerusalén, sigue siendo el centro del mundo, y por tanto el templo cósmico tiene el valor místico de símbolo de la reunión de su pueblo, esparcido por toda la Tierra.

La restauración del templo se presenta como un deber histórico a escala no ya judía, sino universal. La imagen del templo restaurado ha asumido el papel de preservar la tradición eterna, de testificar el retorno del espíritu profético y la revelación de un nuevo orden mundial, necesario para el restablecimiento de la civilización humana.

En la tradición hebrea, Bezalel, el constructor del Tabernáculo, «conocía la combinación de letras con la cual fueron hechos el cielo y la Tierra». Según un texto talmúdico traducido por el doctor Patai, «los dos querubines sobre el Arca de la Alianza fueron hechos para corresponderse con los dos nombres sagrados de Dios: Yahvé y Elohim». Otras partes del templo contienen asimismo relaciones y proporciones sagradas, muchas de las cuales permanecen todavía sin desvelar.

El doctor Raphael Patai escribe en su libro *Man and the Temple*: «La significación cósmica del templo no se limitó a la luz que emanaba desde él. En su centro, formando el suelo del Santísimo, se hallaba una enorme roca dotada por las leyendas judías con las características de un *omphalós*, el "ombligo de la Tierra". Esta roca, llamada en hebreo *Ebhen Setiyyah,* la «piedra de la fundación», fue la primera cosa sólida creada, y fue situada por Dios en el interior del hasta entonces fluido sin límites de las aguas primaverales. La leyenda dice que de la misma forma que el cuerpo de un embrión es construido en el interior del vientre de la madre desde su ombligo, así Dios hizo la Tierra concéntricamente alrededor de esa piedra que era el ombligo del mundo. Y de la misma forma que el embrión recibe su alimento desde el ombligo materno, así la Tierra entera recibe las aguas que la nutren desde este ombligo de la Madre Tierra.

Las funciones y atribuciones del templo son tantas que es preciso sumariarlas en un concepto: el templo es un cuerpo viviente, dotado de alma y espíritu. El templo es punto de unión entre lo divino y lo humano desde el momento en que su forma y dimensiones vienen determinadas por reglas divinas que constituirán el espíritu de la obra, siendo el cuerpo sus componentes materiales regidos por normas trascendentes y esotéricas.

Además, el templo es sentido como el medio a través del que se conduce hacia la Tierra un sistema de jerarquías divinas. El templo refleja una armonía cósmica basada en la cooperación de partes desiguales para la realización de unas funciones que trasladen el orden divino a la Tierra, a modo de organización necesaria para realizar un conjunto de funciones predestinadas en el mundo como tal creación.

La nueva Jerusalén

La Jerusalén terrena no es más que un pálido reflejo platónico de la verdadera, el cielo, morada auténtica de Yahvé.

Algunos pensadores judíos y cristianos ya han intuido una leve visión de él a través de los atisbos de profetas y santos.

Una de estas visiones nos la ofrece Daniel, quien en 7,9-10 narra:

> 9. *Continué mirando hasta que se pusieron unos tronos, y un anciano se sentó; su vestidura era blanca como la nieve y el cabello de su cabeza como lana limpia; su trono eran llamas de fuego; las ruedas del mismo, fuego ardiente.*

10. Un río de fuego corría y salía de él; miles de millares le servían y miríadas y miríadas manteníanse erguidos a su presencia. El tribunal tomó asiento, y los libros fueron abiertos.

Pero quizás el relato más conocido sea el de Ezequiel en su ya comentada visión del «carro» *(merkavah)* en 1,5-14, a la que anteriormente nos hemos referido, que concluye con las palabras: «Esa era la visión de la imagen de la gloria de Yahvé». La Jerusalén celeste o mesiánica es la morada final de Yahvé, hacia donde van a concurrir todos los pueblos para prestarle su adoración, llevando consigo sus tesoros. Las descripciones son fantásticas y exuberantes: «la ciudad tiene abundancia de oro y plata» (Is 60,17), «las puertas son de zafiro, sus plazas, calles y murallas, de piedras preciosas» (Is 54,11ss; Tob 13,21), «sus habitantes alcanzan todos una avanzada edad» (Is 65,20), «una fuente que parte del templo, del nuevo templo, fertiliza todo el país circundante» (Jl 4,18; Ez 47,2-12; Zac 14,8), «no habrá ni Sol ni Luna, pues Yahvé mismo será su luz» (Is 60,19ss), «Yahvé vivirá allí mismo (Is 4,5), de modo que no hará falta ningún arca» (Jer 3,16), «todos sus habitantes serán justos: la nueva Jerusalén será la ciudad de la alegría y del bienestar, y existirá eternamente» (Jl 5,17; Is 60,21).

Tras la destrucción del año 70 estas promesas pasaron a jugar un papel determinante en la conservación del espíritu del pueblo elegido, y en estas esperanzas de salvación se concentró toda la literatura rabínica. Baruq ya da por existente esta Jerusalén en el cielo (4,2-6), y que descenderá a la Tierra en la época mesiánica. Por eso Pablo llama a la Iglesia de Cristo «la Jerusalén de arriba». En diversos sitios es llamada «Jerusalén celestial», y en ella está la imagen de Dios en su triunfo glorioso. San Juan, que sobrevivió a la destrucción del año 70, profundiza en su Apocalipsis en el tema de la Jerusalén celeste, realización de una nueva morada para los justos, libres de pecado e imperfecciones y de una infinita belleza formal.

El estudio a fondo del canon y sus misterios lleva al convencimiento de que puede existir una sabiduría oculta en los datos dados por San Juan en su Apocalipsis. Pero lo allí contenido sugiere unos ciclos de reencarnación vinculados a los dioses por los que fue primero revelado. Un saber oculto mantenido durante siglos pudo ser así sucesivamente decantado hasta concretarse en las palabras esotéricas contenidas en el *Libro de la Revelación* o Apocalipsis.

Dice San Juan en el capítulo 21 del libro:

1. Y vi un nuevo cielo y una nueva Tierra, pues el primer cielo y la primera Tierra habían desaparecido: y el mar no existe ya.
2. Y la santa ciudad, la nueva Jerusalén, la vi cómo descendía del cielo cabe Dios, preparada como desposada que se ha engalanado para su esposo.

Seguidamente San Juan define metrológicamente la ciudad con el templo en su centro, tomando como modelo la figura básica de la geometría sagrada, el círculo contenido en un cuadrado. Sigue:

15. Y el que hablaba conmigo tenía una medida, una caña de oro, para medir la ciudad y sus puertas y su muro.
16. Y la ciudad se asienta sobre base cuadrangular, y su longitud es tanta cuanta es su anchura. Y midió la ciudad con la caña, y halló que eran doce mil estadios; su longitud, su anchura y su altura son iguales.
17. Y midió su muro, que era de ciento cuarenta y cuatro codos, medida de hombre, empleada por el ángel.

Obviamente, de esta definición se desprende que la ciudad era cúbica. La forma cúbica venía avalada por las dimensiones en el templo de Salomón del Sanctasanctórum, y ha sido recogida en muchas construcciones que más o menos inconscientemente se refieren al templo; quizás el ejemplo más conocido sea el templete que aloja la piedra de la Kaaba. La forma cúbica es la más sugestiva desde el punto de vista metrológico por la igualdad de sus dimensiones principales.

Existen dudas sobre el significado de la medición de la ciudad celestial. ¿Qué significa «medir»? Hay quien lo interpreta como «medir el perímetro», pero cabría preguntarse: ¿por qué el perímetro y no cada una de las distintas aristas? Nos parece indudable que se refiere al «lado» del cubo, hecho claramente sugerido por el comentario, una vez hecha esta medición, dado que «su longitud, su anchura y su altura son iguales».

Además, esta cifra encaja tanto en la metrología del Antiguo Testamento como en la del Nuevo, pues la ciudad podría albergar 144 000 estadios cuadrados. La cifra 144 000 es citada repetidamente tanto en el *Libro de los*

Números como en el mismo Apocalipsis, y conecta directamente con los elegidos de Dios (Rev 7,4), a razón de 12 000 en cada una de las tribus. Cada una de ellas dispone pues de un estadio cuadrado.

¿Cuánto mide un estadio? En nuestra opinión, la metrología antigua no estaba gravada por el afán de precisión que caracteriza nuestra época, tanto más cuanto que el estadio variaba de un lugar a otro, alrededor de una medida aproximada de unos 600 pies o 200 metros.[15] Dando por buena esta última cifra, la ciudad mediría unos 2 400 km de lado, cifra ciertamente colosal, que se aviene con la grandiosidad de la nueva Ciudad de Dios. La superficie en planta de la ciudad sería de unos 5 760 000 km^2, suficiente para contener unas diez veces la Península Ibérica; sólo unos pocos países en el planeta superan esta extensión; en la misma Tierra únicamente cabrían unas 88,1 ciudades, y recordemos que 881 es el gemátrico de «El templo de Yahveh».

El volumen de la Ciudad Santa sería de 13 780 millones de km^3, y «La Nueva Jerusalén» = 1378. Este volumen es 1/784 del de la Tierra, y «El templo del Señor» = 784.

El último párrafo nos sume nuevamente en la duda: ¿qué significa que el muro «mide» 144 codos? Nuevamente aparece el número simbólico 144 (12 × 12) y, visto que están determinadas sus tres dimensiones iguales, no puede aludirse más que a una cosa: el grosor del muro. Observemos que «muro» = 490, es decir, las «setenta semanas de años» o periodo de reconsagración del templo según la profecía de Dan 9,24. Reparemos, de paso, que 144 codos equivalen aproximadamente a 72 metros, por lo que el volumen del muro sería 4 × 2400 × 72 = 690 000 m^3. «El templo enorme» = 690.

El volumen total de la ciudad es 20 000 veces el del muro que la contiene. Y recordemos que 2000 es el gemátrico de «La danza de los siete velos», clara alusión a lo que está oculto y va a ser descubierto. Interpretación: la Ciudad Santa será desvelada para aquellos dignos de contemplarla.

---

15. Algunas medidas del estadio según los lugares y épocas:

— Estadio común: 185,119 metros
— Estadio grande: 222,338 metros
— Estadio macedónico: 210,140 metros
— Estadio náutico: 166,679 metros
— Estadio inglés (furlong): 201,168 metros

Un estadio cuadrado serían 200 × 200 = 40 000 m². Conocido es el alto valor simbólico del número 40 en la Biblia: el Diluvio duró 40 días, el mismo período estuvieron esperando los enviados a la tierra prometida. 40 días desafió Goliat a Israel, 40 días duró la penitencia de Ezequiel, 40 días ayunó Moisés en dos ocasiones, lo mismo hicieron Elías y Jesús en el desierto. Jonás predicó en Nínive que hicieran penitencia durante 40 días. 40 días transcurrieron entre la Resurrección y la Ascensión de Señor, 40 días debía durar la purificación de una mujer tras el parto, 40 días se esperaba antes de embalsamar a un cuerpo. Está escrito que el que pase 40 días sin sufrir ha recibido ya su recompensa en esta vida.

Empezando por el propio templo celestial, este se halla muy relacionado con el número 6, el primer número perfecto, suma y a la vez producto de sus divisores alícuotas: 6 = 1 × 2 × 3 = 1 + 2 + 3 (recordemos lo dicho antes sobre las proporciones 1:2:3). La longitud de sus muros es 12 000 estadios, y su grosor 144 estadios, ambos múltiplos de 6.

El número del cosmos también es 6 y la palabra griega *kosmos* = 600 (naturalmente, en la escala gemátrica griega). Si medimos las magnitudes cósmicas en millas, unidad humana por excelencia, resultan cifras sorprendentes.

El gemátrico de la segunda Jerusalén, «ij Jerusalén» = 600. El número de «rostro» = 600, identificando el rostro por excelencia, el de la Luna, que muestra siempre su misma cara a la Tierra, y 600 es también el valor gemátrico de la letra *x*, símbolo de la incógnita en los problemas.Si se mide en millas, unidad directamente relacionada con el hombre (una milla son mil pasos de zancada doble), se hallan las siguientes curiosas relaciones:

Diámetro del Sol	864 000 millas (12 × 12 × 6000)
Diámetro de la Luna	2160 millas (6 × 6 × 600)
Diámetro de la Tierra	7920 millas (12 × 660)
Circunferencia media de la Tierra	24 883,2 millas (12 × 12 × 12 × 12 × 1, 2)
Velocidad de la Tierra alrededor del Sol	66 600 millas por hora
Distancia entre la Tierra y la Luna	6 × 60 × 660 millas o 60 veces el radio de la Tierra

18. Y el material de construcción del muro era jaspe, y la ciudad, oro puro semejante a vidrio transparente.

19. *Los fundamentos del muro de la ciudad estaban hermosamente labrados de toda clase de piedras preciosas: el fundamento primero era de jaspe; el segundo, de zafiro; el tercero, de calcedonia; el cuarto, de esmeralda.*

20. *El quinto, de ónice; el sexto, de cornalina; el séptimo, de crisólito; el octavo, de berilo; el nono, de topacio; el décimo, de ágata; el undécimo, de jacinto, y el duodécimo, de amatista.*

21. *Y las doce puertas eran doce perlas: cada una de las puertas era de una sola perla. Y las calles de la ciudad, oro puro, como vidrio transparente.*

22. *Y templo no vi en ella, pues el Señor Dios omnipotente es su templo, como también el Cordero.*

23. *Y la ciudad no tiene necesidad de sol ni de luna para que alumbren en ella, porque la gloria de Dios la ilumina y su antorcha es el Cordero.*

La Jerusalén celestial es considerada, en otras palabras, como la etapa final de la humanidad, el triunfo final de Dios sobre sus enemigos. A lo largo de la Biblia se dejan caer a menudo pistas sobre esa mística ciudad: «Cosas que ojo no vio, ni oído oyó, ni en el corazón humano cabe, las que Dios ha preparado para los que le aman» (I Cor 2,9).

Si volvemos al volumen de la ciudad, 1378 millones de km^3, si cada persona necesita unos 100 m^3 para vivir, en la Jerusalén celestial cabrían 13 780 billones de personas, es decir, unas 170 000 veces todas las personas que han existido a lo largo de la Humanidad (unos 80 000 millones).

La relación entre la distancia de la Tierra a la Luna y el lado de la Jerusalén celestial es 384 000/2560 = 160. Nuevamente encontramos el número áureo (valor exacto: 1,618). Era el número de varones de la tribu de Selomit (Esd 8,10).

El área de una cara de cada uno de los cuadrados que forman el cubo es 144 millones de codos cuadrados, y la suma de las seis, la envoltura de la ciudad, es 864 millones de codos cuadrados. El número 864 es la mitad del cubo de 12 ($12^3 = 12 \times 12 \times 12 = 1728$), número que, en su forma cúbica, simboliza el altar (en griego: *to thysiasterion* = 1728), al cual asciende el sacerdote al iniciar la misa diciendo «Al dios que es la alegría de mi juventud», en latín: *Ad deum que laetificat juventutem meam* = 1728 y, en el cristianismo, la bienaventuranza básica: «Bienaventurados los pacíficos» = 1728. También el 864 es cuatro veces otro cubo ($6^3 = 6 \times 6 \times 6$), que lo relaciona precisamente con el problema de Delos (hallar un cubo de volumen doble que el de uno dado). Dos lugares sagrados «Hebrón» = «Jordán» = 215 se relacionan con el altar.

Su mitad, como antes hemos señalado, es el diámetro del Sol en millas. Pero, además, el número gemátrico de *Ierousalem* = 864. Cada uno de los cuatro ángeles del Apocalipsis permanecía en un rincón (*Gonía*) de la Tierra, y *Gonía* = 864. El templo de los dioses es *Theon* = 864, y dentro de él, el «Santo», *agion* = 864 (recuérdese la forma cúbica del Santísimo). Escribe San Agustín: «Y el arca, que es de madera cuadrada, simboliza la permanente constancia de los santos (*agion* = 864), pues si lanzas un cuerpo cúbico en cualquier dirección, siempre permanecerá firme». La relación del cubo con el ara se materializa a través de multitud de isopsefias:

«Cubo sabio, bien formado» = 864
«Ara amable, distinguida» = 864
«El altar fino, decoroso» = 864
«Ese altar sano, moral» = 864

En la cronología hindú, 864 000 años es la división del Yuga, la gran edad de 4 320 000 años al cabo de cada una de las cuales nace un nuevo tipo de ser humano. El máximo periodo de tiempo registrado en las religiones orientales es 8 640 000 000 años, llamado «un día y una noche de Brahma». En la escala humana, un día contiene 86 400 segundos. En el cristianismo, un cuadrado de área 864 000 mide 294 en cada lado de su perímetro, y el número griego de «iglesia», *ekklesia* = 294; en español, «Imagen de Dios» = 294. En cuanto al perímetro, 1176, es el de «hijo unigénito», en griego *uíos monogenes* = 1176; en español, «Muro de los lamentos» = 1175. Además, «Revelación de San Juan» = 1174.

Más relaciones métricas sorprendentes en la ciudad celestial

El tradicional problema de la cuadratura del círculo (en perímetro) viene resuelto inesperadamente a través de las proporciones de la Gran Pirámide de Keops. La base es un cuadrado de 230 metros de lado, y el ángulo que forman sus caras laterales con aquella es de 51º 51'. Si dibujamos el perfil de dicha pirámide sobre el centro del cuadrado de la base nos aparece la conocida altura de esta: 230 × tan 51,85º = 146,40 metros. Pues bien, el perímetro de una circunferencia de este radio es $2 \times \pi \times 146{,}40 = 920$ m, justo la misma que el perímetro del cuadrado de la base de la pirámide.

Pero hay más. Los triángulos dibujados tienen como lados respectivos:

$$\text{Altura: } 2 \times (146{,}20 - 115) = 62{,}80 \text{ m}$$
$$\text{Base: } (230 - 62{,}80)/2 = 83{,}60 \text{ m}$$

Es decir, que están en la relación 3:4, como en el famoso triángulo pitagórico de lados (3, 4, 5), que por cierto suman 12, número relacionado con la Jerusalén celeste.

La hipotenusa de ese triángulo se calcula fácilmente por el teorema de Pitágoras, resultando ser 104,56 m. En cuanto al área, esta es de 2600 m², gemátrico de «Los ciento cuarenta y cuatro mil», número de elegidos que van a poblar la ciudad.

Si comparamos ahora el círculo de radio de 31,20 metros con el inscrito en la base de la pirámide, que es de 115,00 metros, llegamos a un resultado sorprendente: 1/3,68, es decir, igual a la relación entre los radios de la Tierra y la Luna. Calculemos ahora los respectivos volúmenes de la Tierra, la Luna y la Jerusalén celeste. Los expresaremos, en cada caso, en millones de kilómetros cúbicos:

$$V_S = (4\pi/3) \times 696\,000^3 = 1\,412\,000 \times 10^{12} \text{ km}^3$$
$$V_T = (4\pi/3) \times 6370^3 = 108{,}2 \times 10^{12} \text{ km}^3$$
$$V_L = (4\pi/3) \times 1740^3 = 2{,}21 \times 10^{12} \text{ km}^3$$
$$V_J = 2400^3 = 0{,}0138 \times 10^{12} \text{ km}^3$$

Obsérvese que el volumen del Sol es cien millones de veces el de la Jerusalén celeste; 7840 veces el de la Tierra, y 160 veces el de la Luna.

Ahora bien, 784 es un número que resume toda la ciudad celestial: «El templo del Señor» = «Jesús hijo de Dios» = «La señal del Hijo del Hombre en el cielo» = «La Serpiente de bronce» = 784.

En cuanto a 160, es de nuevo el número áureo. Además, relaciona la milla con el metro (una milla = 1609 metros).

¿Son mera coincidencia todas estas relaciones numéricas? Es posible, pero no hemos querido dejar de señalarlas. Cada cual sacará sus propias conclusiones.

Entre los miles de resultados metrológicos hallados indiquemos ahora algunos de los más notables:

• La distancia Jerusalén-Roma es de 2300 km, exactamente igual al diámetro del planeta Plutón.

• Las dimensiones medias del templete de la Kaaba (La Meca) igualan 1/10 000 000 del diámetro terrestre.

• El lado del cuadrado equivalente al círculo de la cúpula del Panteón de Roma es la diezmillonésima parte de la distancia de la Tierra a la Luna.

El templo más allá del mundo judío

Hasta ahora hemos visto cómo el templo ha ido dejando de ser un simple edificio para convertirse en símbolo, bandera y materialización espacial del mundo judío y, más aún, para trascender a otras culturas y religiones, especialmente a las otras dos grandes monoteístas, que han tomado de él numerosas referencias.

La idea del templo como casa de Dios enraizó profundamente en la cultura cristiana. Ya hemos visto que desde el gobierno de Constantino el cristianismo se convirtió en el «verdadero judaísmo» y, lógicamente, asumió como propia su simbología y creencias. Desde el mismo momento en que el judaísmo fue oficializado como religión del Imperio, quedó convertido en una molesta antigualla, poco menos que clandestina, que debía ser extinguida. A los ojos cristianos sólo la contumacia del pueblo «caído» explicaba su persistencia en el «error».

El cristianismo se creyó a sí mismo legitimado para recibir la herencia judía, y el templo fue considerado como el primero de los elementos de los que podía apropiarse. La configuración, geometría y finalidad del templo cristiano fueron adaptadas, en sus primeros tiempos, a las de la basílica romana, y en este sentido pasó a ser considerado no sólo como la morada de Dios, sino también el lugar de reunión de los fieles. Sus dimensiones y su volumen aumentaron de forma paralela, a la vez que se conservaban un gran número de símbolos y características que fueron complementadas con nuevas creaciones. Se incorporó una pronaos como lugar de permanencia para los catecúmenos; se mantuvo, al menos en los primeros tiempos, un espacio exterior para realizar actividades complementarias al culto igual que en el templo salomónico, si bien progresivamente estas pasaron a llevarse a cabo en el interior, en los espacios que hoy están dedicados a los sacerdotes, al coro, e incluso a puestos de venta de recuerdos y elementos del culto (¡cómo hubiera irritado a Jesucristo esta intrusión!). El *espacio* más solemne fue reservado para el Santísimo, pero este no estaba cerrado como el Sanctasanctórum (aunque la religión ortodoxa griega sí que sigue observando esta formalidad y, por ello, las ceremonias religiosas son oficiadas fuera de la vista de los fieles). La luz de la lámpara del Santísimo, que los judíos habían adoptado en cumplimiento del *Libro de los Reyes*, sigue ardiendo permanentemente junto al sagrario, como antaño lo hiciera la *Menorah*.

Cada etapa de la historia y cada cultura se han servido de la imagen del templo para formar sus propios mitos y sentido estético.

El templo en el cristianismo de la Edad Media

El hecho más fundamental del cristianismo fue su afincamiento en Roma, cuestión que sirvió para orientar la estructura de la religión, desde la liturgia al ordenamiento jurídico y, naturalmente, la arquitectura. Sin embargo, el cristianismo se hallaba huérfano de fórmulas litúrgicas, como las consagradas por el judaísmo durante un milenio y, por ello, le resultó inevitable tomar de él algunas referencias. Las pilas de agua bendita, inspiradas en el *mar de bronce*, los incensarios y la lámpara ante el Santísimo a imitación de la *Menorah*, así como las ropas sacerdotales y numerosos detalles que fueron apareciendo en el desarrollo de los actos litúrgicos, acabaron creando una idea del templo que tomaría otra dirección gracias al contacto con los pueblos musulmanes.

En todo caso, en una época de escasos conocimientos arqueológicos, las ideas cristianas sobre el templo judaico eran vagas, como testifica el gráfico de la figura 12, una ilustración de las *Antigüedades de los judíos*, de Flavio Josefo, en la que el artista francés Jean Fouquet representó el templo como una iglesia cristiana ricamente ornamentada y de un estilo puramente gótico.

Toda la simbología bíblica fue adaptada en esos tiempos, mientras se intentaba afanosamente configurarla como un mero «anticipo» del «verdadero judaísmo» que llegaría con Jesús y San Pablo. En especial, se recogieron aquellos símbolos que distinguían a un nuevo pueblo sometido al poder de un único Dios. Adam y Eva, la Torre de Babel y los Diez Mandamientos fueron elementos que dieron contenido y «nervio» a la fe.

Algunos temas del Antiguo Testamento consiguieron un especial relieve en la interpretación cristiana. Uno especialmente renombrado fue la escala de Jacob (fig. 15), tomado como símbolo de la unión de Dios con la Tierra. Su presencia en la iconografía fue abrumadora debido a que era visto por el pueblo como el elemento más inteligible de una nueva época presidida por la permanente comunicación con Dios, que pasaba de un hosco alejamiento veterotestamentario a mostrar interés por el diálogo con el hombre.

La Reforma

Este acercamiento fue más intenso en el siglo XVI con la Reforma protestante, que introdujo nuevas percepciones en el templo. De tener este una concepción puramente arquitectónica se pasó a centrar la atención en el «templo» entendido en el sentido calvinista, es decir, en el conjunto de fieles, siguiendo la concepción paulina. Este sentido, que con el tiempo también retomaría el propio catolicismo, alejaba las representaciones pictóricas de la arquitectura imaginativo-bíblica o musulmana para adaptarlas a la vigente en la época.

Por otra parte, el templo jugó un importante papel en alegorías religiosas, como *The Pilgrim's progress* (El progreso del peregrino), de John Bunyan, cuyo «templo de Salomón espiritualizado» es un estudio tipológico del templo concebido también como la comunidad de creyentes.

Esta interpretación se ha incorporado plenamente a la doctrina protestante y ha ejercido su particular influencia también en la católica, especialmente en los últimos tiempos.

El visionario sueco Emanuel Swedenborg (1688-1772) adaptaba el misterio del templo entendido como progreso hacia un templo celestial cristalino a través de las propias fuerzas individuales y liberaba al creyente de los corsés de los dogmas católicos.

El templo en el arte europeo

Las primeras imágenes del templo fueron realizadas bajo la influencia del descubrimiento de los libros de arquitectura de Vitruvio, que introducía nuevas perspectivas y concepciones sobre la obra arquitectónica. Se generaban así nuevas formas de concebir edificios más realistas. Pero, en todo caso, la imagen del templo de Jerusalén estuvo siempre influida por la Cúpula de la Roca, especialmente después de la masiva difusión de imágenes tras la estancia de los templarios en Jerusalén. Los ejemplos de imágenes de este tipo son innumerables. En el cuadro de Rafael *Los esponsales de la Virgen María*, la imagen del templo del fondo, que sin duda es el de Jerusalén, está indudablemente basada en relatos orales, en la tradición y quizás en algún croquis procedente de Tierra Santa. Presenta la planta circular, la cúpula esférica y los arcos de medio punto, igual que en el interior de la Cúpula de la Roca.

Por otra parte, la imagen del templo de planta circular-octogonal proveyó, como ya se ha adelantado, abundantes concepciones arquitectónicas que quedaron reflejadas en numerosas iglesias europeas, a modo de variante de las concepciones románica y gótica vigentes en toda la Edad Media.

A finales de la Edad Moderna se afinó la percepción de los artistas para representar el templo «tal como fue», y de hecho muchas imágenes de las descripciones bíblicas sirvieron para representar no sólo la arquitectura del templo, sino numerosos elementos auxiliares de la liturgia que han quedado tradicionalmente incorporados a la tradición del templo cristiano.

Un comentario aparte merece el monasterio de El Escorial, obra de un hombre de «plomada y cartabón» como Juan de Herrera, dispuesto a complacer los deseos de un rey profundamente religioso, como fue Felipe II. La razón del hipergeometrismo de la obra sigue siendo un misterio. Su forma de parrilla invertida ha sido asociada al martirio de San Lorenzo, al cual está consagrado. Se aduce que fue construido con motivo de una promesa hecha en relación con la batalla de San Quintín, ganada a los franceses en el día de este santo.

Sin embargo, son evidentes en la obra las pistas que conducen hacia el templo de Herodes el Grande. Igual que aquel, consta de un pórtico al que sigue un gran patio exterior y un segundo patio, todos flanqueados por arcos y pasillos que conducen hacia el templo cristiano, asimilado al Sanctasanctórum judío. Para más evidencia, dos estatuas de David y Salomón se levantan a la entrada de la basílica. Tampoco falta quien ha relacionado la estatua de Carlos V con el propio David. En la biblioteca, un fresco recuerda la legendaria sabiduría de Salomón para sugerir un cierto paralelismo con la del rey Felipe II.

La visión simbólica

A medida que avanzaba la Reforma, el templo se desprendía de sus atributos materiales para pasar a ser un elemento de acercamiento a Dios. El templo, como símbolo de la comunidad cristiana, resumía en su misterioso esoterismo las mil dimensiones religiosas involucradas en él. La visión de la Jerusalén celestial presentada en el Apocalipsis de San Juan trascendía su imagen histórica para convertirse en otra figurada del cielo, cuyo símbolo en la Tierra era la iglesia, esa creación mixta surgida de diversos elementos romanos: el ábside de la basílica, el atrio de la casa y la *cella memoriae* de la arquitectura funeraria.

Siguiendo la costumbre de tomar y adaptar elementos de la religión judía, la orientación hacia Jerusalén fue sustituida por otra hacia el este, por donde se levantaba el *Sol invictus*. En el evangelio de San Mateo se afirma que Jesús aparecerá por oriente; los primeros cristianos deseaban ver descender por ese mismo punto los nuevos cielos y la nueva tierra, es decir, la Jerusalén descrita en el Apocalipsis. Por la celebración eucarística el símbolo se convertía en una anticipación del futuro, y así el templo unía la materia y el espíritu, el cielo y la Tierra, e incluso el pasado pecador con el futuro redimido. Las consiguientes imágenes del templo ya vinieron cargadas de ese simbolismo, aunque inspiradas en las descripciones de Flavio Josefo.

El templo en el Nuevo Mundo

Una nueva e inesperada concepción del templo surgió en el Nuevo Mundo, que ofreció a los conquistadores españoles una oportunidad evangelizadora. Muchos sintieron que se realizaban las antiguas narraciones bíblicas como nueva oportunidad y justificación de la empresa conquistadora. Así, el misionero español Toribio de Motolinia (†1568) describió la colonización y evangelización de Nueva España como la conquista de una Nueva Canaán, una oportunidad para extender el cristianismo entre seres que no habían recibido la visita de Dios. Los antiguos mitos del Arca de la Alianza (la ley mosaica, legitimada por el cristianismo), que entonces se introducían en América, exigían una realización nueva del correspondiente templo, concebido en su totalidad como adaptación de las ideas salomónicas a un nuevo escenario inmenso y virgen. Esta idea se concretaba incluso en la realización de los planos de las nuevas ciudades, inspirados en visiones de la Nueva Jerusalén, que no dejaban de surgir. Toda nueva ciudad, cual nueva imagen del templo, solía realizarse según una cuadrícula con tres puertas en cada lado y un templo en el centro geométrico («zócalo»).

La evangelización de las nuevas tierras corrió a cargo de los franciscanos, que solían denominar «templos» a las nuevas iglesias. Estas se inspiraban en los comentarios del franciscano Nicholas de Lyra (†1349), quien concebía la ciudad santa como una estructura vallada que tenía cuatro capillas en los ángulos y una gran iglesia central (el templo) en planta de gran cruz sobre una plataforma. Las cuatro puertas monumentales debían estar flanqueadas por columnas salomónicas (de fuste en espiral) en recuerdo de Yakín y Boaz, que recibirían estos mismos nombres.

En realidad, los franciscanos, poseídos de un ardor contra la idolatría que nada tenía que envidiar al de los primitivos judíos, pensaban que los templos aztecas eran blasfemas parodias del templo de Salomón, inspiradas por el diablo, y por ello era preciso cristianizar las costumbres, y eliminar de ellas todo asomo de burla al verdadero Dios.

Los francmasones

Ha hecho —y hace— correr mucha tinta el estudio de la institución francmasónica, hermandad de ayuda mutua y complicados ritos sagrados y secretos, que precisamente por esta causa ha sido campo abonado para todos los aficionados a las conjuras, conspiraciones y esoterismos.

Si la citamos en un tratado sobre el templo es porque, deseosos de adquirir una legitimación histórica, sus miembros han remontado su origen nada menos que a la construcción del templo de Salomón (en realidad, no parecen anteriores al siglo XVII). De acuerdo con los escritos de los propios miembros de la francmasonería, los actuales afirman que Salomón organizó a sus 80 000 albañiles (I Re 5,15) en grupos que recibían diferente remuneración según su aptitud o grado de habilidad.[16] Para aumentar el misterio, los miembros de ese colectivo se comunicaban entre sí mediante un complicado código de señas y palabras claves propias de cada grado. Tres traidores, deseosos de ser mejor remunerados, se dirigieron a Hiram, el constructor, a quien habrían asesinado, crimen por el que fueron horriblemente castigados.

Los masones han hecho de esta referencia uno de los dogmas fundamentales de su hermandad, y a tal efecto han incorporado a su simbología todo tipo de elementos relacionados con el templo. Así, en el diagrama de una logia masónica francesa del siglo XVIII, se puede ver el Arca de la Alianza y los altares para el incienso y la *Menorah*. No falta un símbolo del templo celestial, inspirado en el visto anteriormente de la Edad Moderna, ni, naturalmente, los instrumentos con que la logia define su origen en la albañilería: compás, escuadra y paleta.

A la vez, los ritos masónicos hacen referencia inequívocamente al templo: progresar dentro de los grados de iniciación masónica es asimilado al paso por el interior de las tres cámaras del templo de Salomón. Los escritos masónicos contienen abundantes alegorías que relacionan su ritual con el simbolismo de la penetración sucesiva en distintas estancias del templo hasta llegar a su Sanctasanctórum.

Las excavaciones de Charles Warren, a las que nos hemos referido antes, no tenían una finalidad meramente arqueológica, ya que el mismo investigador buscó simbolismos relacionados con el Arca de la Alianza. En 1870 descubrió una cámara con bóvedas y pilares al oeste de Haram ash-Sharif, que no dudó en identificar como «la cámara de los francmasones», en la que se habrían realizado las reuniones secretas de la hermandad. Este y otros descubrimientos contribuyeron a dar un enorme auge en el siglo XIX a los rituales masónicos.

---

16. Masón proviene del francés *maçon*, «albañil».

Mitología templaria

Ya nos hemos referido anteriormente a la intensa relación que hubo entre la Orden del Temple y el templo de Salomón. Aunque la Orden fue suprimida por el rey francés Felipe el Hermoso en 1312, poco después del encarcelamiento colectivo de sus dirigentes, la leyenda sobre las actuaciones de la Orden ha sido mucho más duradera e incluso intensa de lo que estas fueron en la realidad.

En este hecho intervino un factor importante, un ingrediente infalible para que cualquier historia, por fantástica que parezca, despierte interés: existían tesoros por descubrir. A raíz de la novela artúrica *Parzival*, de Wolfram von Eschenbach, se construyó una leyenda sobre los templarios que ha acabado superando a la realidad. En ella son presentados como una Orden con una «fachada» exotérica, es decir, pública y conocida, de combatientes cruzados, pero también protectores de los auténticos templarios, depositarios del saber ancestral salomónico y, naturalmente, de los tesoros guardados en las cámaras secretas del templo de Salomón. Todos estos tesoros habrían podido ser salvados de la rapiña real, pero desde entonces sus propietarios llevan una ajetreada vida y se ven obligados a esconderlos siempre frente a la codicia de los advenedizos.

No importa que nunca, desde 1312, se haya hallado el menor rastro de estos «secretos» y mucho menos de los «tesoros»: esto no hace, en opinión de los convencidos, más que demostrar la habilidad de los templarios para esconder ambas cosas. La vulgarización del tema hacia el gran público, conseguida a través de filmes de ínfima categoría histórica, como *En busca del arca perdida* o *El Código Da Vinci*, no ha hecho más que multiplicar el eco de esas leyendas al ponerlas al alcance de un mayor número de personas.

De hecho, la literatura en la que basar producciones de ese estilo es abundante, y refleja las «investigaciones» de los seducidos por el esoterismo de la mitografía relacionada con el templo. Para algunos, el Arca (y sus tesoros, naturalmente) se halla todavía entre las cámaras y cisternas que hay bajo la Cúpula de la Roca; el hecho de que muchos de estos pasadizos subterráneos estén permanentemente inundados no hace más que añadir interés a la leyenda. Otros se inclinan por pensar que se halla en cuevas similares situadas bajo el río Jordán. Modernamente, hay cierta tendencia a suponer que, para poder custodiarlo mejor, todo el conjunto fue trasladado a diferentes países, preferentemente Francia e Inglaterra, aunque incluso se ha llegado a situarlo en Utah, Estados Unidos, como veremos.

Entre las leyendas entretejidas según la simbología templaria se halla la del Santo Grial, el cáliz supuestamente utilizado por Jesús y sus discípulos en la Última Cena. También este objeto ha podido traspasar las barreras del tiempo para ser depositado en lugares que estaban custodiados por ardientes caballeros defensores de sus secretos, entre los cuales los más destacados son Galahad, Bors y Percival, a quienes vemos en la siguiente ilustración recogiendo el vaso sagrado. La fascinación de este símbolo queda reflejada en el gran número de Griales que hay repartidos por la Tierra, que, a menudo, son confundidos, para mayor complicación, con los Santos Cálices, que tienen prácticamente el mismo significado.

Los mormones

La búsqueda de innovadoras interpretaciones del templo por nuevos movimientos religiosos es incesante. Uno de los más conspicuos durante el siglo XIX en Estados Unidos, país abierto a toda nueva experiencia religiosa, fue el de los mormones, nombre con el que es conocida la iglesia del movimiento de los Santos de los Últimos Días, creada por Joseph Smith en 1830 a partir de unas supuestas revelaciones que él transcribió en su *Libro de Mormón*, nombre del ángel revelador que correspondería al registro de un grupo de judíos que abandonaron Jerusalén hacia el año 600 a. de C., poco después de la destrucción del primer templo. A lo largo de los siglos, los descendientes de aquellos refugiados habrían llegado al Nuevo Mundo, donde restablecieron su culto y construyeron nuevos templos siguiendo las normas dadas por el rey Salomón.

La secta es uno de los diferentes movimientos, conocidos colectivamente como *restauracionismo*, que intentan trascender el *denominacionalismo protestante*, y restaurar una forma del cristianismo considerado más apegado al Nuevo Testamento. Pronto se fraccionó en varias ramas y en diferentes ocasiones tuvo que buscar nuevos escenarios en Norteamérica, a causa, sobre todo, de sus normas sociales, que incluían la poligamia a la manera de los antiguos patriarcas.

Finalmente, el mormonismo quedó establecido en Utah, en cuya capital, Salt Lake City, construyeron su gran templo, siguiendo el modelo salomónico (fig. 13). Emplazado en el centro de la ciudad, el recinto mantiene los tres niveles de sacralidad, la inscripción sobre la puerta («Santidad para el Señor») y un gran *mar* utilizado como fuente bautismal, situado a lomos de doce bueyes, a imitación del primer templo.

De todos los movimientos que surgieron en Estados Unidos, quizás el más importante haya sido el mormónico, que actualmente posee unos ciento veinte templos en todo el mundo. En ellos se celebran los matrimonios y se constituyen las familias concebidas para durar eternamente. El movimiento fue admitido finalmente en la Unión después de haber renunciado en su constitución a algunos de sus principios, entre ellos la poligamia.

El judaísmo subterráneo

Consecuentemente con la idea abstracta de Yahvé, el figurativismo judío estaba tan proscrito como más tarde lo estaría entre los musulmanes. La prohibición de imágenes, casi iconoclasta, se extendía incluso fuera del ámbito de la religión, hasta el punto de que era bastante raro hallar imágenes o estatuas de cualquier tipo. Incluso en las modernas sinagogas se ha observado la prohibición.

Las pinturas solían utilizar diversos recursos para representar la figura humana cuando era imprescindible. Yahvé solía aparecer como una mano que descendía de las nubes y los hombres tenían cabeza de animal. Así puede verse en la imagen de Yahvé que entrega a Moisés la *Torah*, correspondiente a la ilustración de un manuscrito de la *Hagaddah* de 1300 aproximadamente.

La práctica escondida de la religión, que tuvo que mantenerse así durante siglos en muchos países, ha desaparecido hoy, tanto por el mayor grado de tolerancia alcanzado como por el hecho de haber sido expulsados sus practicantes de algunos países, especialmente musulmanes, tras la creación del Estado de Israel. Sin embargo, las nuevas circunstancias políticas continúan obligando a mantener la mayor discreción a las comunidades judías, al menos en los países europeos, tanto para evitar los periódicos brotes de antisemitismo como por los atentados por parte de organizaciones terroristas musulmanas. Raramente se muestran de forma explícita en los edificios judíos, sinagogas o similares, señales que los distingan y, en todo caso, la vigilancia policial se mantiene en torno a tales centros, como reflejo de la obsesión por la seguridad que impregna cada uno de los actos del Estado de Israel.

Las sinagogas monumentales

Hasta el siglo XIX la situación económica de los judíos de distintos países no alcanzó suficiente nivel como para emprender obras socialmente visibles, ni la tolerancia pública llegó a tal nivel como para permitir la edificación de sinagogas de un tamaño y suntuosidad comparable al de las catedrales cristianas o las mezquitas árabes. El lejano recuerdo del templo constituía un estímulo permanente que se materializó en la construcción de sinagogas cada vez más importantes.

El primer problema que se planteó fue encontrar un estilo arquitectónico adecuado a las nuevas construcciones. Por fortuna, el momento histórico coincidió con un auge del eclecticismo arquitectónico, siempre presidido por un recuerdo de raíz islámica, evocador de la estancia de los judíos en España. Uno de los ejemplos más logrados del nuevo estilo fue la sinagoga de Florencia (1874-1882), en la que se advierten ecos de la Alhambra dentro de un plan general inspirado en Santa Sofía de Constantinopla (fig. 14).

El templo frente a la ciencia

Todas las investigaciones y reconstrucciones del templo se hicieron hasta el siglo XIX manteniendo una fe absoluta en su existencia, así como en todos los hechos que se narran en la Biblia. Pero, a medida que el método científico de investigación histórica sometía a análisis cada vez más detallados los mitos y leyendas, empezaron a surgir fuertes dudas sobre la evolución del pueblo judío, y, como parte de ella, sobre la misma construcción del templo. A fin de cuentas, todos los hechos narrados por la Biblia no pueden ser contrastados con otros documentos, por lo menos hasta la época de los babilonios. Sólo algunas tablillas cuneiformes y algún fragmento rescatado de las excavaciones egipcias permiten atestiguar la existencia del pueblo judío, pero muy poco más.

La antigua fe inicial fue sustituida entonces por el escepticismo, y se consideró que la fe no era un instrumento adecuado para reconstruir la historia de un pueblo. Las evidencias arqueológicas sobre el templo son muy escasas, por no decir nulas, y si bien es cierto que las excavaciones han puesto en evidencia la existencia de centenares de templos de la época con características similares a las descritas para el de Salomón, todo lo más que probarían las Escrituras es que sus redactores conocían templos parecidos, pero quedaría desacreditada, en cualquier caso, la teoría de la originalidad del templo, además de no quedar probada su existencia.

Esta situación empezó a cambiar después de 1967, año en que el *Tsahal* (el ejército israelí) entró en Jerusalén durante la Guerra de los Seis Días, en la que Israel amplió decisivamente los territorios que controlaba. Los judíos pudieron orar ante el Muro de las Lamentaciones e, inmediatamente, empezaron las excavaciones por todo Israel, Cisjordania y el Sinaí. En esta situación, multitud de aspectos de la Biblia y de la *Mishná* («transmisión oral de textos») han quedado reivindicados y han superado los embates de la duda racional.

Todo este aluvión de nuevos materiales ha venido acompañado del desarrollo de innovadores métodos de investigación para la interpretación de esta evidencia. Se ha descifrado o perfeccionado el conocimiento de antiguos lenguajes, como el sumerio, el acadio, el ugarítico, el egipcio o el hitita, y ha mejorado el saber sobre estos pueblos y sus relaciones entre sí. Pruebas como las realizadas con el carbono 14 o el desciframiento de los documentos de Qumran han permitido fechar restos arqueológicos. A la vez se han desarrollado estudios sobre arquitectura comparada y se han aplicado nuevos métodos de investigación que nos han permitido mejorar nuestra cultura sobre numerosos aspectos que van desde el mayor conocimiento de los métodos operativos de los ejércitos hasta nuevos avances antropológicos.

Sin embargo, subsisten multitud de dudas. El mismo emplazamiento del templo es puesto en discusión, aunque hoy día la investigación tiende a centrarse más en el significado histórico y psicológico del templo judío para su pueblo que en su real existencia.

El tercer templo

Como era de esperar la problemática reconstrucción del templo ha sido objeto de mucha controversia a lo largo de los años, alimentada por profecías contradictorias, especialmente desde que los judíos han podido formar un Estado, porque este hecho era en algunas profecías cristianas y sobre todo musulmanas una señal anunciadora del fin del mundo.

Según los Evangelios, Cristo profetizó la destrucción del templo, pero es una cuestión de interpretación si esta iba a ser provisional o definitiva. Este ya es un primer punto de discrepancia entre las distintas escuelas, porque en caso de que el templo tuviera que ser reedificado, ¿quién sería el encargado de hacerlo?, ¿los propios judíos, los cristianos o quizá los musulmanes?

En todo caso, esas profecías dieron lugar a la llamada «escatología premilenarista» popularizada en el siglo XIX por John Darby y Cyrus Schofeld. Según ellos, las profecías bíblicas deben ser tomadas literalmente y, por tanto, la reedificación del templo será un acontecimiento que precederá a la segunda venida de Jesús para juzgar a la humanidad. El «Juicio Universal» se anuncia en varios pasajes de la Biblia; verbigracia, Is 2,6-21, Jl 4,1-16, etc., y en el Nuevo Testamento, como, entre otros, en I Cor 4,5; II Cor 5,10; II Tes 1,5-10.

La construcción de ese tercer templo o, por el contrario, el aniquilamiento del Estado judío es, al iniciarse el siglo XXI, la mayor incógnita que este deberá resolver.

Apéndices

1. Referencias

Los libros de la Biblia

ANTIGUO TESTAMENTO

	Nombre	Abreviatura
1	Génesis	Gén
2	Éxodo	Éx
3	Levítico	Lev
4	Números	Núm
5	Deuteronomio	Dt
6	Josué	Jos
7	Jueces	Jue
8	Rut	Rut
9	I de Samuel	I Sam
10	II de Samuel	II Sam
11	I de los Reyes	I Re
12	II de los Reyes	II Re
13	I Crónicas (o Paralipómenos)	I Cro (I Par)
14	II Crónicas (o Paralipómenos)	II Cro (II Par)
15	I de Esdras-Nehemías	I Esd Neh
16	II de Esdras-Nehemías	II Esd (Neh)
17	Tobit	To
18	Judit	Jud
19	Ester	Est
20	Job	Job
21	Salmos	Sal
22	Proverbios	Pro
23	Eclesiastés	Ecls
24	Cantar de los Cantares	Can
25	Sabiduría de Salomón	Sap

(continúa)

	Nombre	Abreviatura
26	Eclesiástico	Eco
27	Isaías	Is
28	Jeremías	Jer
29	Lamentaciones	Lam
30	Baruq	Bar
31	Ezequiel	Ez
32	Daniel	Dan
33	Oseas	Ose
34	Joel	Joe
35	Amós	Am
36	Abdías	Abd
37	Jonás	Jon
38	Miqueas	Miq
39	Nahum	Nah
40	Habacuc	Hab
41	Sofonías	Sof
42	Ageo	Ag
43	Zacarías	Zac
44	Malaquías	Mal
45	I Macabeos	I Mac
46	II Macabeos	II Mac

NUEVO TESTAMENTO

	Nombre	Abreviatura
47	Evangelio de San Mateo	Mt
48	Evangelio de San Marcos	Mc
49	Evangelio de San Lucas	Lc
50	Evangelio de San Juan	Jn
51	Hechos (o Actos) de los Apóstoles	Ac
52	Epístola de San Pablo a los Romanos	Rom
53	Epístola I de San Pablo a los Corintios	I Cor
54	Epístola II de San Pablo a los Corintios	II Cor
55	Epístola de San Pablo a los Gálatas	Gal
56	Epístola de San Pablo a los Efesios	Ef
57	Epístola de San Pablo a los Filipenses	Fili
58	Epístola de San Pablo a los Colosenses	Col
59	Epístola I de San Pablo a los Tesalonicienses	I Tes
60	Epístola II de San Pablo a los Tesalonicienses	II Tes
61	Epístola I de San Pablo a Timoteo	I Tim
62	Epístola II de San Pablo a Timoteo	II Tim

(continúa)

	Nombre	Abreviatura
63	Epístola de San Pablo a Tito	Tit
64	Epístola de San Pablo a Filemón	File
65	Epístola de San Pablo a los Hebreos	Heb
66	Epístola de Santiago	Sant
67	Epístola I de San Pedro	I Ped
68	Epístola II de San Pedro	II Ped
69	Epístola I de San Juan	I Jn
70	Epístola II de San Juan	II Jn
71	Epístola III de San Juan	III Jn
72	Epístola de San Judas	Jd
73	Apocalipsis (o Revelación) de San Juan	Rev

Bibliografía principal consultada

Aag, H., A. van den Born y S. de Ausejo: *Diccionario de la Biblia*. Ed. Herder, Barcelona, 1981.

Asimov, Isaac: *Guía de la Biblia (Antiguo Testamento)*. Ed. Laia, Barcelona, 1985.

— *Guía de la Biblia (Nuevo Testamento)*. Ed. Laia, Barcelona, 1985.

Crépon, Pierre: *Los evangelios apócrifos*. Nuevos temas, EDAF, Madrid, 1993.

Cruden, Alexander: *Cruden's Complete Concordance*, Lutterworth Press, Cambridge, 1985.

Guignebert, Charles: *Jésus*. Ed. Albin Michel, París, 1969.

Hamblin, William J. y David R. Seely: *Solomon's Temple. Myth and History*. Thames and Hudson Ltd., Londres, 2007.

Laffont, Robert, editor, *Histoire de Jerusalem*.

Lange, Nicholas de: *Atlas of the Jewish World*. Ed. Graham Speake, Oxford, 1984.

Martin, Ernest L.: *The Temples that Jerusalem Forgot*. ASK Pubs., Portland (Maine, Estados Unidos), 2000.

Michell, John: *City of Revelation*. Abacus, Londres, 1973.

— *The Temple at Jerusalem: a Revelation*. Samuel Weiser Inc., Nueva York, 2000.

Parfitt, Tudor: *El Arca de la Alianza*. Ed. Planeta, Barcelona, 2008.

Pritchard, James B.: *The Times Atlas of the Bible*. Times Books, Londres, 1987.

Robbins, Victoria: *Los textos bíblicos*. Edimat Libros, Madrid, 2003.

Rogerson, John: *Atlas of the Bible*. Ed. Graham Speake, Oxford, 1985.

Sloan, William H.: *Concordancia española de las Sagradas Escrituras* (4.ª edición). Ed. Caribe, San José (Costa Rica), 1900 c.

Suárez, Luis: *Los judíos*. Ed. Ariel, Barcelona, 2006.

The Revised English Bible: *Christianity: The Apocripha and The New Testament*. Book of the Month Club, Nueva York, 1992.

Times Books: *The Times Atlas of the Bible*. Londres, 1995.

2. Nociones de cábala y gematría

Nota previa importante

La numerología es el estudio de las propiedades mágicas que algunos proyectan en los números, y suele estar en conexión con escrituras sagradas, profecías o el simple azar. Por desgracia, en los últimos tiempos ha degenerado muchas veces en la redacción de obras de nulo valor que pontifican, a modo de horóscopos, sobre las virtudes «mágicas» de determinados números favorables o desfavorables.

Sin entrar en esa fe que algunos tienen en la magia numérica, creemos de interés que el lector conozca las investigaciones históricamente relevantes que se han realizado en ese terreno. Cada cual es dueño de creer lo que desee, pero resulta un hecho incontrovertible que una parte importante de la humanidad sigue con atención esas investigaciones, razón suficiente para darlas a conocer igual que cualquier rama de la magia o de la religión, que en este caso trasciende al campo matemático.

Unas breves palabras sobre la cábala

La cábala (o *qábala*) es el saber esotérico por excelencia de los judíos. En ella ocupa un lugar muy importante la gematría, o arte de relacionar las palabras con los números.

En la antigua literatura judaica, la *qabalah* era el cuerpo total de la doctrina recibida a excepción del Pentateuco. Hoy día es entre los judíos la tradición oral que explica y fija el sentido de la Sagrada Escritura.

En esencia, la cábala (palabra que significa «tradición» para algunos, «clave» para otros y aún «recepción» para otros más) es una «ciencia» que busca en la *Torah* (el Pentateuco, los primeros cinco libros de la Biblia) el significado del mundo y de la «verdad». Pretende interpretar los sentidos ocultos de los cinco libros y en ellos busca la revelación.

Una de las características más importantes de la cábala es la adopción del criterio de los tannaítas («maestros que estudian y enseñan») en el sentido de que todos los signos y letras de las Escrituras, aun los más pequeños e insignificantes, tienen, al haber sido inspirados directamente por Dios, su importancia en las Escrituras como expresión de un complejo y sutil mensaje divino que sólo mediante las técnicas apropiadas es posible descifrar. Con ello se marcaba el rechazo a la versión de la Biblia de los Setenta, que era la más aceptada por los cristianos. La cábala propiamente dicha surgió hacia fines del siglo XII, en la Provenza y en Cataluña a través de las comunidades judías que vivían en la zona y estaban vinculadas a Oriente Próximo; es decir, en Sefarad, la comunidad judía española. Sus seguidores sostienen que tiene una antigüedad superior y sitúan sus orígenes en el incipiente judaísmo de la diáspora helenística (cerca del siglo I a. de C.) e incluso antes. Los más conspicuos defensores la remontan, como tema inspirador, al templo de Salomón, al menos a nivel inconsciente.

La cábala proporciona, según las personas que la cultivan, el poder de entender y vivir en armonía con las leyes del universo, y además, nos beneficia a nosotros mismos y al mundo porque nos facilita las herramientas para conseguir felicidad y plenitud, así como para recibir la Luz del Creador en nuestra propia vida.

La base estructural de este estudio consiste en el análisis del llamado *Árbol de la Vida*. El objeto de estudio está subdividido en diez esferas (*sefiroth*, «número»), enumeradas habitualmente en el orden en que el rayo de Dios descendió para crear el mundo.

La gematría hebrea

Un aspecto especialmente interesante de la cábala es para los matemáticos la gematría, que arranca del sistema de representación numérico hebreo. Si bien este tenía una base decimal, no utilizaba como nosotros la notación posicional, sino letras de su alefato.

Algunas de las letras pueden adoptar formas múltiples. La escritura se realiza de derecha a izquierda y en ella no se indican las vocales. He aquí el alefato hebreo con el símbolo latino de cada letra y el valor numérico asignado:

Figura	Letra	Símbolo	Equivalencia	Valor	Figura	Letra	Símbolo	Equivalencia	Valor
א	Aleph	A	A	1	ס	Samech	S	S	60
ב	Beth	B	B	2	ע	Ayin	O	O	70
ג	Gimel	G	G	3	פ	Pe	P	P	80
ד	Dalet	D	D	4	צ	Tsadi	Tz	Tz	90
ה	He	H	H	5	ק	Qof	Q	Q	100
ו	Vav	V	U, V, F	6	ר	Resh	R	R	200
ז	Zayin	Z	Z	7	ש	Shin	Sh	Sh	300
ח	Ht	Ch	Ch	8	ת	Tav	T	T	400
ט	Tet	Th	Th	9	ך	Kaf final			500
י	Yod	I	Y, I, J	10	ם	Mem final			600
כ	Kaf	K	K	20	ן	Nun final			700
ל	Lamed	L	L	30	ף	Pe final			800
מ	Mem	M	M	40	ץ	Tsadi final			900
נ	Nun	N	N	50	א	Aleph'			1000

Obsérvese que el alefato sólo contiene 22 letras, número insuficiente para poder representar hasta el número 1000. Por ello se aprovechó el hecho de que algunas de ellas tenían varias formas en función de su posición en la palabra para poder completar el número. El 22, como es natural, no dejó de ser relacionado con todo lo habido y por haber, por ejemplo con los poliedros (los cinco regulares platónicos, más los cuatro regulares estrellados de Kepler y los trece semirregulares arquimedianos).

La gematría (no confundir con la geometría) es palabra derivada del hebreo גימטריה, GIMThRIH, que a su vez procede del griego γεωμετρία, *geometría*. La forma más común de gematría es la utilizada ocasionalmente en el *Talmud* (libro sobre las normas y tradiciones judías) y en el *Midrash* (libro de exégesis), y consiste en la lectura de palabras y sentencias como si fueran números, para lo que se les asignan valores numéricos. Es verosímil que esta práctica derivara del hecho común de recitar una y mil veces los textos hasta aprenderlos de memoria, lo que llevaría a la búsqueda inconsciente de nuevos significados. Se ha señalado incluso que el hecho pudiera haber sido influido por la teoría platónica de las ideas: el significado numérico de una palabra (recordemos que para los griegos el número era la segunda forma de abstracción) contendría ese «espíritu profundo» que los exegetas se afanaban en descifrar.

Por supuesto, el exegeta gemátrico presupone que los redactores iniciales de la Biblia (inspirados directamente por Dios) eran plenamente conscientes de los significados ocultos de las palabras, que por alguna razón eran transcritas así en clave oculta para que los intérpretes de la ley procedieran a su correcto desciframiento.

La representación de los números era obvia. Por ejemplo, el 256, octava potencia de 2, era representado como ונר (RNV). Pero, dado que cada letra tenía el mismo valor independientemente de su posición, servía también נרו (VRN) o cualquier otra permutación de los tres signos.

Por simplicidad tipográfica utilizaremos en lo que sigue el símbolo latino indicado en la penúltima columna en vez del carácter hebreo y, además, escribiremos, según nuestra costumbre, de izquierda a derecha.

De la equivalencia entre letras y números a asignar un valor numérico a cada palabra no había más que un paso. Por ejemplo, el nombre de Jahvé, IHVH, valdría:

$$10 + 5 + 6 + 5 = 26$$

Siguiendo los criterios mencionados, las Escrituras fueron sometidas durante siglos a un sistemático análisis, y las coincidencias que inevitablemente debían producirse por mera estadística eran analizadas microscópicamente, además de estudiadas y comentadas en las escuelas.

Gemátricamente se consideran equivalentes también dos palabras que sólo difieran en una unidad (alef o colel).

La gematría griega

Con el tiempo las investigaciones cabalísticas también se extendieron a otras culturas que utilizaban distintos alfabetos. Todas ellas los adaptaron al sistema numérico desarrollado en la gematría hebrea; por ejemplo, el griego, que en realidad había sido predecesor del hebreo en el sistema de notación numérica:

Letra	Nombre	Valor	Letra	Nombre	Valor	Letra	Nombre	Valor
Αα	Alpha	1	Ιι	Iota	10	Ρρ	Rô	100
Ββ	Bêta	2	Κκ	Kappa	20	Σσς	Sigma	200
Γγ	Gamma	3	Λλ	Lambda	30	Ττ	Tau	300
Δδ	Delta	4	Μμ	Mu	40	Υυ	Upsilon	400
Εε	Epsilon	5	Νν	Nu	50	Φφ	Phi	500
Ζζ	Dzéta	7	Ξξ	Xi	60	Χχ	Khi	600
Ηη	Êta	8	Οο	Omicron	70	Ψψ	Psi	700
Θθ	Thêta	9	Ππ	Pi	80	Ωω	Oméga	800

Los signos correspondientes a 6, 90 y 900 cayeron en desuso con el tiempo. El primero de ellos, simbolizado por la letra ς', puede ser considerado igual a los símbolos στ cuando concurren. Así, el valor de *stauros*, «cruz», puede ser tomado indistintamente:

$$200 + 300 + 1 + 400 + 100 + 70 + 200 = 1271$$
$$6 + 1 + 400 + 100 + 70 + 200 = 777$$

Observemos que este último valor cae justo a medio camino entre el de la Bestia Apocalíptica: 666 (χξς') y el de Jesús (*Iêsous*): 888. Asimismo es equivalente a *Ekklêsia Theon*, «la Iglesia de Dios»: 778, en virtud de lo dicho más arriba.

Esta nueva valoración del alfabeto griego, aunque ya practicada por los pitagóricos, fue el cauce apropiado para realizar la interpretación de los textos del Nuevo Testamento, escritos en esa lengua, y aun los del Antiguo, en la versión de los Setenta, por lo que alcanzó una extraordinaria difusión en los primeros siglos del cristianismo. Sus seguidores, los gnósticos, influidos por la sabiduría hebrea, pretendían alcanzar el acceso a la «Verdad» a través de revelaciones que se encontraban implícitas en las Escrituras, en particular mediante la aritmomancia, que utilizaba como técnica básica la gematría. Tras los ataques de San Ireneo el gnosticismo fue declarado herético y los estudios gemátricos decayeron hasta el punto de que hoy gran parte del saber ancestral se ha perdido.

La gematría latina

Más tarde el latín impuso también su propio alfabeto y valoración:

Letra	Valor	Letra	Valor	Letra	Valor
A	1	K	10	T	100
B	2	L	20	V	200
C	3	M	30	X	300
D	4	N	40	Y	400
E	5	O	50	Z	500
F	6	P	60		
G	7	Q	70		
H	8	R	80		
I	9	S	90		

Por fin, al ser adoptado el alfabeto latino por la mayoría de las lenguas europeas aparecieron las nuevas letras J, U, W, lo que obligó a un último ajuste:

Letra	Valor	Letra	Valor	Letra	Valor
A	1	J	10	S	100
B	2	K	20	T	200
C	3	L	30	U	300
D	4	M	40	V	400
E	5	N	50	W	500
F	6	O	60	X	600
G	7	P	70	Y	700
H	8	Q	80	Z	800
I	9	R	90		

Todavía este alfabeto es insuficiente para algunas lenguas con letras especiales que precisarían una nueva valoración. Pero no es habitual complicar más todavía esta diversidad y así, por ejemplo, en castellano, incluso cuando la Real Academia consideraba la LL como una sola letra, esta recibía a efectos gemátricos el mismo tratamiento que dos L seguidas, de igual manera que se asimila la Ñ a la N. En otras lenguas, Ç = Č = C = 3. Esta convención facilita, además, el tratamiento de los textos por ordenador.

Naturalmente, la anterior equivalencia no es la única aunque sí la más sencilla. Algunos numerólogos, en su deseo de conseguir una mayor fidelidad a las fuentes originales, fijan el valor de las letras en función de las equivalencias con las hebreas: por ejemplo, S = 60 para hacerla corresponder con la Sámekh. Este procedimiento demuestra un absoluto desconocimiento de la fonética hebrea, en la que la mayor parte de los sonidos son imposibles de trasladar al castellano, lengua, además, de expresividad muy distinta.

Siguiendo las prácticas hebrea y griega, la forma tradicional de estudiar los textos es realizar una descomposición simple de las letras que integran estos escritos;

Mater Christi = 515 (en clave latina)
«Madre de Cristo» = 611 (en clave castellana)

El texto en castellano equivale a «Virgen fiel» = 611, otra invocación de las letanías.

Como acabamos de hacer, en lo sucesivo los valores gemátricos de una frase se indican, si está en español, encerrándola entre comillas dobles. Si está en griego o en latín la frase se indica en cursiva, con la traducción entre comillas simples. Por ejemplo, «Madre de Cristo» = *Mater immaculata* ('Madre inmaculada') = «Virgen fiel» = 611. Si la frase es hebrea se indica con su clave en mayúsculas. Por ejemplo, «Señor Dios de Israel» suma MShH BRINU + IHVN ALHI ISHLR = 613 (en clave latina moderna, la conocida frase *Mane Tecel Phares* = 613).

Las isopsefias

La isopsefia (del griego *isos*, «igual», y *psephos*, «piedra», «cálculo»), una rama de la gematría, es el arte de estudiar e interpretar esas coincidencias, que en ningún caso se admiten como casuales sino como indicadoras de una relación más o menos oculta entre los respectivos conceptos que hay que desentrañar mediante su análisis cuidadoso; a menudo esa coincidencia proporciona nuevos sentidos, claves y significados ocultos en los que antes no se había reparado.

Por ejemplo: «Dios es uno» se resume en la repetición de la palabra *achad*, «uno», ya que su valor gemátrico es:

$$AChD = 1 + 8 + 4 = 13$$

Y, naturalmente, $2 \times 13 = 26 = IHVH$.

En todos los campos se dan coincidencias muy interesantes. Pasando a las isopsefias en el alfabeto latino moderno encontramos, por ejemplo, en lo político:

- «Francisco Franco» = 532
- «Manuel Fraga»   = 531 (recuérdese lo dicho sobre el colel)

Entre las innumerables frases de contenido religioso, nombres y calificativos de todo tipo, las coincidencias numéricas serán inevitablemente muchas. A partir de ellas puede dejarse volar la imaginación y establecer relaciones que a veces serán por casualidad contundentes y otras más rebuscadas. En todo caso todo el mundo es libre de investigar en busca de conexiones subterráneas. Vamos a dar algunos ejemplos:

- «Cábala» = 38; también «Abel» = 38. Será inevitable suponer que la cábala la fundó el mismísimo Abel, y que por lo tanto procede del principio de los tiempos.
- «Cisma» = «El Hades» = 153. ¿Qué cosa más natural que suponer que el cisma religioso conduce al Infierno? Por cierto, 153 es el número de peces de la pesca milagrosa (Juan 12,11).
- «Iglesia» = «Legión» = 161. La Iglesia como legión de los creyentes.
- «Babilonia» = «Cadenas» = «Caos» = 164. La cautividad de Babilonia y las alteraciones que produjo en el pueblo elegido quedan aquí muy bien reflejadas.

- «Decálogo» = «Hebreo» = «Padre» = 170. El Decálogo como emanación del Padre y definición del pueblo hebreo.
- «Libro» = «Roma» = 191. Roma como escuela de la ortodoxia, como el gran libro de los creyentes.
- «Bendición» = «La Iglesia» = 192. Sin comentarios.
- «Hebrón» = «Jordán» = 215. Dos lugares bíblicos muy relacionados.
- «El Hijo de Dios» = «Predicación» = 304.
- «Egipto» = «Mar Rojo» = 351.
- «Babilonia la Grande» = «Satán» = 352.
- «Agnus Dei» = *Sancta Maria* = 356. La Madre y el Hijo unidos por los números.
- «Regeneración» = «Tiberio» = 375. En el reinado del emperador Tiberio llegó la Regeneración, es decir, el sacrificio de Jesucristo.
- «Culpa» = «Idolatría» = 404. Asociado al pueblo elegido.
- «Madre de Cristo» = *Mater immaculata* = Virgen fiel = 611.
- «Caín y Abel» = 801. Alfa y Omega (ΑΩ) griegas.
- Los dos San Juan aparecen unidos de una extraña forma: «Evangelista» = «Precursor» = 808.
- «El Apocalipsis de San Juan» = «La Jerusalén celestial» = 1005.
- «Conversión de Saulo» = «Luz en el cielo» = 1327. Las dos cosas fueron simultáneas.

Números notables

Algunos números aparecen con tenacidad en la Biblia por su enorme carga simbólica.

Por ejemplo el 7, cuya perfección queda recogida en los 7 días de la semana, los 7 sacramentos, los 7 dones del Espíritu Santo, etc.

La Biblia lo combina innumerables veces cuando dice que hay que perdonar «setenta veces siete» (Mt 18,22), o cuando Daniel habla de las «setenta semanas de años».

Su cubo, $7^3 = 7 \times 7 \times 7$, aparece en la frase «Dios Padre» = 343 y hasta en el número de monasterios que fundó Bernard de Clairvaux, creador de la Orden del Císter.

Otro número importante es el 666, central en el Apocalipsis y llamado «el número de la bestia». Obsérvese que «Concupiscencia» = 666.

El 888 es el número asociado a Cristo, el 1080 la cifra ligada al agua, el 1746 (= 666 + 1080) el «número de la fusión», etc. De hecho, cualquier número es asociable con un elemento de la naturaleza, material o espiritual.

3. Simbología judía

El Tetragrámaton

Otro símbolo netamente judío era el Tetragrámaton («conjunto de cuatro letras»), o sea, el nombre de Yahvé, IHVH, puesto por escrito.

En línea con el secretismo que envuelve todo lo relacionado con Yahvé, su propio nombre era impronunciable por respeto (¡era blasfemia proferirlo!) y, por ello, cuando necesitaba ser nombrado se hacía mediante palabras alusivas, como *-iah* o *-el*, que vemos figurar por ello en tantos nombres teóforos hebreos (mencionemos unos cuantos: Elías, Adonías, Jeremías, Amiel, Ezequiel, Manuel...).

Era costumbre en los sacerdotes pronunciarlo, al leerlo, adaptando a la escritura las vocales de *Adonay*, «Señor», de donde surge el frecuente uso de Jehová, que ha suplantado el verdadero nombre de Yahvé. De hecho, al no ser utilizadas las vocales en la lengua hebrea escrita, nadie sabe con seguridad como era pronunciado (o, mejor dicho, no pronunciado). En todo caso, el nombre pasó con abundantes deformaciones a otras lenguas: Yah, Iao, Jeu, Jehovah, IHVH, IHWH, Yahu, Iaoue...

Las costumbres cronológicas judías

Para los judíos el día empieza, desde el punto de vista religioso, en la puesta del sol y dura hasta el crepúsculo.

Así, la celebración del *Pesaj* («Pascua») se inicia con la cena pascual, en lo que para nosotros es el día anterior.

La semana consta de siete días sin nombre especial: son llamados simplemente primero, segundo..., como hace todavía la liturgia cristiana, que habla de primera, segunda... feria. Sólo el séptimo es llamado específicamente *sabbath*, aunque el viernes también es llamado *paraskevé* o «el día de la preparación», que en el cristianismo es aplicado al Viernes Santo.

El calendario es lunar y se basa en la traslación de la Luna alrededor de la Tierra. Así, se suceden consecutivamente los meses de Nisán, Iyar, Siván, Tamuz, Av, Elul, Tishrei, Jeshván, Kislev, Tevet, Shvat y Adar. Para corregir el desfase con el Sol, cada diecinueve años se añade un decimotercer mes llamado Segundo Adar. El festejo del ciclo lunar era determinado por el Sanhedrín. Los días excepcionales del calendario son los siguientes:

- Los diez días de penitencia (entre *Rosh Hashaná* y *Yom Kipur*)
- Las tres principales festividades (*Pesaj, Shavuot* y *Sukot*)
- Las festividades menores (*Jánuca* y *Purim*)
- Las semifestividades (*Lag Baomer* y *Tu B'Shevat*)
- Las conmemoraciones modernas (el Día del Holocausto, el Día de la Independencia y el Día de Jerusalén)

De las tres festividades de peregrinación, las más importantes *(Shalosh Regalim)*, son la Pascua *(Pesaj)*, la Fiesta de las Semanas *(Shavuot)* y la Fiesta de los Tabernáculos *(Sukot)*. El año 2008 de la era cristiana corresponde al 5768 de la era judía, aunque no hay unanimidad al respecto porque los cálculos se basan en diversos estudios del Antiguo Testamento y, por lo tanto, diferentes redacciones dan distintas fechas de inicio, la más corta de 3483 años a. de C. y la más larga de 6984 años a. de C. No obstante, las más comunes son las de 3952 (18 de marzo, defendida por Beda el Venerable) y la de 4004 a. de C., concretamente el 23 de octubre a las nueve de la mañana, según los cálculos de James Usher (1581-1656).

La Estrella de David

La llamada Estrella de David *(Magen David)* es el símbolo judío más conocido... aunque su origen es difícil que sea anterior a la Edad Media. Es posible que se originara en la cábala y que representara la disposición de las diez *Sefiroth*. Una copia manuscrita del *Tanaj*, de 1307 y perteneciente a Reb Yosef bar Yehuda ben Marvas de Toledo, estaba decorada con esta figura.

El nombre de Escudo de David podría proceder de los poderes protectores que se le suponían. El hexagrama también fue emplazado originalmente en la arquitectura ornamental de las sinagogas, como en las catedrales de Brandenburgo y Stendal, y en la Marktkirche de Hannover. Sin embargo, se hizo especialmente popular tras la persecución de los judíos en la Alemania de Hitler, de manera que acabó siendo adoptado por el moderno Estado de Israel e incluido en su bandera. Se inspira en el «Sello de Salomón».

Una de las leyendas que circula entre el pueblo judío sobre el origen de la imagen de David es la siguiente: «El rey David, que escapaba de sus adversarios, los filisteos, se escondió en el interior de una cueva. Inmediatamente después de que él entrara, una araña tejió su tela dando a su hilado la forma de "estrella de David". Esta tela de araña situada a la entrada de la cueva hizo que sus perseguidores pasasen de largo, pensando que si la tela de araña estaba intacta nadie habría pasado por allí en mucho tiempo. Después del "milagroso" acontecimiento el rey habría adoptado ese símbolo como emblema de su escudo y el pueblo judío lo utilizó como protección». Huelga decir que la historia pertenece al folclore popular, pero todas las culturas, incluida la cristiana, la han recogido adaptándola a sus santos propios.

El Armageddon

El Armageddon (o Harmageddon) significa literalmente «las montañas de Megiddo» o, en otra interpretación, «la batalla de Megiddo». Se trata de un desfiladero situado al sur del monte Carmelo, lugar de paso de alto valor estratégico muy útil para plantear una batalla, tanto que han sido varias las que se han desarrollado en ese lugar. La más importante se produjo contra Canaán, narrada en Jue 4,2-16 y I Re 14,25; 23,29; desde entonces, Megiddo se convirtió, dado el resultado, en un símbolo especial de calamidades y desgracia.

En ese lugar, los tres espíritus impuros de Ap 16 van a reunir a los reyes de todo el mundo para la lucha, en el gran día del Dios todopoderoso en el cual saldrá derrotado el Mal, simbolizado en la Bestia, y representado según muchos en el número 666, citado en Ap 13,18. De hecho, la explicación definitiva del nombre no se ha hallado todavía, pero es considerada la montaña universal mítica en la que se encuentra el campamento de las fuerzas del mal, enemigas de Dios, frente a las de la nueva Jerusalén celeste citada en Heb 12,22-24.

Masada

No es mencionada en la Biblia, pero sí por Flavio Josefo. Se trata de una plataforma rocosa de paredes verticales y casi inaccesible que está situada a 400 metros de altura en las montañas de Judá, cerca del mar Muerto. Fue fortificada por primera vez en tiempos de los Macabeos y posteriormente por Herodes el Grande. En la rebelión judía del año 66 se refugiaron allí los últimos combatientes con sus familias (fig. 16).

Tres años duró el feroz asedio de las fuerzas romanas. Al cabo de ese tiempo los defensores prefirieron suicidarse antes que caer prisioneros. Por ello, los restos de la fortaleza se han convertido en un símbolo de la independencia judía y modernamente han sido dignificados y glorificados repetidamente.

La crítica moderna pone en duda algunos aspectos de la narración de Josefo, y tiende a creer que el asedio no pudo ser tan largo y que los resistentes no se suicidaron, sin embargo el lugar permanece como el símbolo más conocido del patriotismo judío.

Jai

Esta palabra hebrea, pronunciada *jai*, significa «vida». Es un símbolo muy presente en la vida judía (fig. 17). De él toman su nombre infinidad de entidades de todo tipo, además de ser utilizado en joyas y adornos.

Kipá

El *kipá* es el gorrito que se colocan los varones judíos sobre la cabeza durante determinadas ceremonias religiosas (fig. 18). Su uso es obligatorio en esas circunstancias incluso para los no judíos. La costumbre de llevar el *kipá* no procede de un precepto o mandamiento propiamente dicho, a diferencia del *talit* o chal ritual, o de los *tefilín* o filacterias (Deuteronomio 6,4-9). Sin embargo, su uso ha arraigado con el paso de los siglos, hasta el punto de convertirse en uno de los atributos más emblemáticos del judaísmo. De todos modos, sus orígenes son igualmente milenarios y se remontan al *Talmud* (*Maséjet Kidushín*, «Tratado de casamientos», 31,1); simboliza la necesidad de tener presente en todo momento que Dios está por encima de los hombres y las cosas, y sólo pretende que la cabeza no quede descubierta ante Dios.

Talit

El *talit* es un chal de cuatro esquinas que formaba parte de la vestimenta cotidiana en los antiguos tiempos y aún lo es entre los beduinos (fig. 20). Los flecos, que según el mandamiento debían unirse a ellas, se convirtieron en un perpetuo recordatorio para el dueño de la prenda de que debía mantenerse dentro de los límites de la decencia, la moral y la ética y jamás permitirse olvidar la Ley de Dios. El manto de cuatro esquinas ya sólo se utiliza en la Sinagoga y el templo. El *talit* se coloca sobre la cabeza y cae por ambos lados de los hombros o sobre ellos. Sus flecos representan los 613 mandamientos encontrados en la *Torah* o Ley de Moisés (Núm 15,37-40).

Tiene bordados símbolos religiosos y escrituras en hebreo.

Shofar

El *shofar* es un tipo de trompeta especial, construida a partir del cuerno de un *kosher*, «animal» (carnero, cabra, antílope o gacela). Utilizado desde la más remota antigüedad en algunas fiestas judías, su recuerdo está muy unido a la caída de los muros de Jericó cuando fue tocado mientras daban siete vueltas alrededor de la ciudad, y su uso se mantiene hoy en algunos servicios de ciertas denominaciones cristianas y judeocristianas. Es uno de los más antiguos instrumentos de viento conocidos que se utiliza desde hace unos 4000 años (fig. 19).

Se elabora vaciando el interior del cuerno de ciertos animales, y son mejores los que tienen una mayor curvatura. En el *Rosh Hashana* («Año Nuevo Judío») y en el *Yom Kipur* («Día del perdón») se toca el *shofar* sólo una vez durante la oración y al final del rezo de Neila.

Mezuzá

La *mezuzá* (fig. 21) consiste en una caja hueca y alargada, de unos 10 centímetros de lado, en la que se introduce un rollo de pergamino que contiene dos plegarias: la más solemne del judaísmo, *Shemá Israel* («Oye, oh Israel», Deut 6,4-9) y *Vehayá im shamoa* («En caso de que me oyerais», Deut 11, 13-21). En su parte externa lleva inscrita la palabra *Shadai*, uno de los nombres de Dios, que hay quienes interpretan como iniciales de «El que cuida las puertas de Israel». Es uno de los símbolos más característicos del judaísmo y evoca la diferenciación de la casa propia y la de sus vecinos hecha durante la décima plaga de Egipto, cuando el Ángel de la Muerte se saltó las que tenían una marca de sangre en las jambas de las puertas (Éx 12,12-13). La *mezuzá* recuerda al judío, cuando entra y sale de algún sitio, la existencia de un único Dios. Los judíos practicantes suelen rozar la *mezuzá* con la mano que han besado al pasar ante ella, tanto a la entrada como a la salida.

Tefilín

El *tefilín* o filacteria (fig. 24) son unas pequeñas envolturas o cajitas de cuero donde se guardan pasajes de las Escrituras. Los judíos varones están obligados a llevarlas a partir de los trece años en determinados días. Una de las correas se ata al brazo, dando siete vueltas al mismo, y la otra se coloca sobre la cabeza.

La tradición las relaciona con los siguientes pasajes relativos a la salida de Egipto:

• Éx 13-9: «Y será para ti como una señal en tu brazo y un recordatorio en tu frente, para que tengas en tu boca la Ley de Yahvé, porque con mano fuerte te sacó Yahvé de Egipto».

- Éx: 13-10: «Guardarás este precepto, año tras año, a su debido tiempo».
- Éx 13-16: «Esto será como una señal en tu brazo y como un recordatorio en tu frente; porque con mano fuerte nos sacó Yahvé de Egipto».
- Deut 6-6: «Y estas palabras que yo te mando hoy estarán sobre tu corazón».
- Deut 6-8: «Y las atarás como una señal en tu mano y estarán como frontales entre tus ojos».
- Deut 11-18: «Por tanto, pondréis estas palabras mías en vuestro corazón y en vuestra alma, y las ataréis como señal a vuestra mano y serán como frontales entre vuestros ojos».

En las primeras representaciones de los apóstoles cristianos aparecen en su brazo izquierdo filacterias al modo tradicional judío, costumbre que se fue extendiendo hasta que la cultura occidental cristiana las incorporó a la iconografía religiosa. Así, el uso del término se extendió a cualquier cinta o pequeño rollo de papel enrollado con citas, leyendas o símbolos, en especial religiosos o heráldicos.

El Muro de las Lamentaciones

El *Hakótel Hama'araví*, que literalmente significa «muro occidental», es llamado así por estar situado en ese lado de la explanada de Haram ash-Sharif. Es todo lo que resta, según la tradición, del segundo templo de Jerusalén, que fue destruido por los romanos en el año 70. También según la tradición, estos dejaron en pie una parte del muro occidental sobre la que se apoyaba la explanada del monte Moriah como testimonio del poder romano, destructor de Jerusalén, si bien los judíos lo atribuyen a una promesa de Dios, según la cual siempre quedaría en pie al menos una parte del sagrado templo como símbolo de su alianza perpetua con el pueblo judío.

Son tradición los rezos frente a este muro en las tres semanas que van desde el 17 de Tammuz al 9 de Av. Al tratarse para el mundo judío del lugar accesible más sagrado de la Tierra, se prohíben a sí mismos el acceso a la explanada. Por lo general, frente a él se lamenta la destrucción de la ciudad y la dispersión del pueblo hebreo. La tradición de introducir un pequeño papel con una plegaria entre las rendijas del muro tiene varios siglos de antigüedad. Entre los rezos de los judíos se incluyen las fervientes súplicas a Dios para que vuelva a la tierra de Israel, así como para el retorno de todos los exiliados judíos, la reconstrucción del templo (el tercero) y la llegada de la era mesiánica con la venida del Mesías judío (fig. 25).

Otros símbolos, como el Arca de la Alianza, la Menorah, etc., están tratados en el texto general de la obra.

4. La política en el Israel moderno

La vida política en Israel se caracteriza por mostrar un alto grado de fragmentación, consecuencia lógica en un país formado por oleadas de inmigrantes de muy diversa procedencia, que se han ido instalando sobre un numeroso sustrato de población árabe y en un lugar donde la religión juega un papel muy importante en la visión de las cosas. Como consecuencia, el equilibrio político es sumamente inestable.

La Agencia Judía (en hebreo, *Sojnut*) fue una organización gubernamental judeo-sionista creada en 1923 con el objetivo de ejercer como representante de la comunidad judía de Palestina durante el Mandato Británico de esta. Obtuvo el reconocimiento oficial en 1929. A partir de los años treinta se convirtió en el gobierno de facto de la población judía de Palestina, cuyos líderes eran elegidos por todos los judíos del Mandato. De ella saldría el futuro gobierno israelí proclamado en 1948. Entonces pasó a denominarse Agencia Judía para Israel y se convirtió en un órgano gubernamental encargado de regular la inmigración judía hacia Israel *(aliyá)*, facilitando el desarrollo económico, la integración y la absorción de los inmigrantes.

La Knéset o Parlamento israelí está formada por 120 diputados elegidos por sufragio universal proporcional cada cuatro años. El Parlamento ejerce el poder legislativo y delega el ejecutivo en el primer ministro, que debe ser uno de sus miembros. También es el encargado de elegir al Presidente de la República para un periodo único de siete años. El poder ejecutivo depende del voto de confianza de la Knéset. La independencia del poder judicial está garantizada por ley.

El partido Mapai (*Mifleget Poalei Eretz Israel,* «Partido de los Trabajadores de la Tierra de Israel») gobernó inicialmente Israel en sus primeros años de independencia en la figura del legendario David Ben Gurion, que desempeñó el cargo de primer ministro. En 1968, tras varias fusiones políticas y coaliciones electorales, adoptó el actual nombre de *Partido Laborista Israelí,* situándose en una posición de izquierda moderada y sionista. Hasta 1977 copó gobiernos y dominó la vida política; posteriormente, el ascenso al poder de la derecha, como señal de la llegada de nuevos tiempos para Israel, fue un trauma para el venerable partido. Otros legendarios dirigentes del partido, que han ocupado el cargo de primer ministro, han sido Levi Eshkol, Golda Meir, Yitzhak Rabin, Shimon Peres y Ehud Barak. Actualmente, Shimon Peres es el presidente del país.

El partido Likud se formó de la unión del *Free Center* (el Partido Liberal), *La'am* y *Gahal* de cara a las elecciones de 1973. Más tarde se fusionó con el partido de derechas Herut para formar la derecha israelí. Rápidamente se convirtió en el partido conservador en Israel, reticente a firmar pactos con los palestinos, pese a haber desmantelado unilateralmente la franja de Gaza. La primera personalidad elegida como primer ministro del Likud fue Menájem Beguin (que lo fue en 1977), un antiguo líder del grupo paramilitar Irgún, que contribuyó a iniciar las negociaciones de paz con Egipto. Estas culminarían en los acuerdos de paz de Camp David y en el tratado egipcio-israelí en 1979. Otros líderes del partido que han gobernado han sido Yitzhak Shamir, Benjamin Netanyahu y Ariel Sharon. Este abandonó el partido para crear uno nuevo, Kadima, debido a las presiones que estaba sufriendo por parte del ala más derechista encabezada por Netanyahu.

Kadima («Adelante») es un nuevo partido político israelí de ideología centrista más moderada que el Likud. Se formó por una escisión protagonizada en 2005 por su líder Ariel Sharon como consecuencia de las presiones que experimentaba en dicho partido, encabezado por Benjamin Netanyahu. Ganó el poder en las primeras elecciones, pero actualmente gobierna su líder, Ehud Olmert, después de una grave enfermedad de Ariel Sharon que le apartó de la política.

El Shas es el partido político israelí, fundado en 1984, que representa a los sefardíes ortodoxos. Suele quedar en tercer lugar en las elecciones y entra regularmente en coaliciones, como la actual con el Kadima. Su líder es el rabino Ovadia Yosef.

Israel Beitenu («Israel nuestra casa») es un partido político sionista y conservador de Israel, fundado en 1999. Su electorado está constituido principalmente por inmigrantes nacidos en la extinta URSS. El fundador y actual líder del partido es Avigdor Lieberman. Suele quedar en quinta posición en las elecciones y formar coaliciones, como la actual, con el partido Kadima.

El Mizrahi (acrónimo de *Merkaz Rujani*, «Centro Religioso»; también «oriental») es el partido tradicional que encarna el sionismo religioso como idea para un Estado judío basado de un modo muy amplio en el dominio de la religión.

El Gil es el partido político de los jubilados. Esta agrupación representa y defiende los intereses de las personas de mayor edad. En las últimas elecciones legislativas celebradas en Israel en 2006, el Gil obtuvo siete diputados en la Knesset. Su líder es Rafi Eitan.

Otros partidos menores son: el Yahadut Hatorah («Judaísmo unificado de la Torah»), una coalición integrada por dos partidos ortodoxos asquenazíes lituanos que se presenta como defensora de los valores de la *Torah*; el Meretz, o Meretz-Yachad, un partido socialdemócrata y pacifista; la Lista Árabe Unida, una coalición árabe-israelí que aboga por el fin de la conquista y establecimiento de un Estado palestino y por una ley que reconozca a los árabes de Israel como una minoría nacional; el Jadash, acrónimo hebreo de «Frente Democrático de Paz e Igualdad», que representa a una izquierda radical árabe-israelí que se propone poner fin a la ocupación de los territorios palestinos, y el Balad (siglas de «Elección Nacional Democrática»), que es un partido político árabe-israelí cuyo programa es promover la convivencia entre judíos y árabes, expulsar a Israel de todos los territorios en disputa y crear un Estado palestino.

5. Organizaciones en el conflicto árabe-israelí

La ANP, «Autoridad Nacional Palestina», cuyo nombre oficial es Autoridad Palestina de Cisjordania y Franja de Gaza, es una organización administrativa autónoma que gobierna transitoriamente desde 1994 en algunas partes de Cisjordania y la Franja de Gaza, a la espera de que se constituya un Estado en dicha zona. Fue establecida en 1994 conforme a los acuerdos de Oslo, entre la Organización para la Liberación de Palestina (OLP) y el Gobierno de Israel, como una entidad transitoria tras la cual tendrían lugar las negociaciones finales entre las dos partes en vistas a la constitución de un Estado en Cisjordania. El territorio permanece controlado en algunos puntos por Israel y en otros por la ANP, según un detallado programa.

La OLP, «Organización para la Liberación de Palestina», *Munaẓẓama li-Taḥrīr Filisṭīn*, es una coalición de movimientos políticos que intentaron formar un Estado independiente en el área denominada históricamente Palestina, utilizando a menudo el terrorismo como método. Actualmente la organización sigue reclamando la tierra ocupada militarmente por Israel durante la Guerra de los Seis Días de 1967, pero tras años de enfrentamientos la mayor parte de las organizaciones que participan en la OLP han aceptado el derecho de existencia del Estado sionista y renunciado a la violencia bajo las condiciones de los Acuerdos de Oslo de 1993, que entre otras cosas estipulaba la creación de un Estado en Cisjordania.

Fatah, a veces llamada al-Fatah, es una organización política y militar palestina fundada por el ya fallecido Yasser Arafat. Constituye un componente principal, en realidad el brazo armado, de la Organización para la Liberación de Palestina (OLP). El nombre es el acrónimo invertido en árabe de «Movimiento de Liberación de Palestina» *(hárakat tahrīr filastīn)*. Fatah se instaló en el territorio de Gaza a comienzos de los años sesenta y unos cinco años más tarde comenzó su lucha armada terrorista contra Israel. Con el tiempo renunció al uso de las armas y se constituyó en partido político, que en las primeras elecciones obtuvo la mayoría en la Autoridad Nacional Palestina (germen de un futuro Estado en Cisjordania), aunque más tarde la perdió frente a Hamás. Su actual dirigente es Mahmud Abbas.

Hamás, en árabe «fervor» y además acrónimo de *Harakat al-Muqáwama al-Islamiya*, «Movimiento de Resistencia Islámico», es una organización nacionalista islamista sunní palestina que tiene como objeto el establecimiento de un Estado islámico en la región histórica de Palestina (que comprende el Estado de Israel, Cisjordania y la Franja de Gaza) con capital en Jerusalén. Para lograr este objetivo Hamás cuenta con varias organizaciones dependientes que desarrollan sus actividades en muy diversos ámbitos, desde la educación cultural y religiosa de los jóvenes hasta la ejecución de actos terroristas. Ha conseguido la mayoría en la Autoridad Nacional Palestina, lo que la mantiene en Estado de guerra larvada contra el Estado de Israel.

El FPLP, «Frente Popular para la Liberación de Palestina», *al-Jabhah al-Sha`biyyah li-Tahrīr Filastīn,* es una organización militar terrorista de carácter marxista-leninista, secular y nacionalista palestina, formada en 1967 para la liberación de los territorios ocupados por Israel. Creada como escisión de Fatah por George Habash, su líder, ha adoptado una línea muy extremista en su acción, generalmente terrorista.

Hizbullah o Hezbollah, en árabe «Partido de Dios», adaptado también fonéticamente al castellano como Hezbolá, es una organización islamista libanesa prosiria y proiraní que tiene un brazo político y otro paramilitar. Fue fundada en Irán en 1979 y en el Líbano en 1982 como respuesta a la ocupación israelí de ese momento y sus miembros fueron entrenados, organizados por un contingente de la Guardia Revolucionaria iraní. Hezbolá es financiado y apoyado por Irán y recibe la *bendición* de Siria. Su principal actividad es hostigar a Israel con atentados terroristas.

Al Qaeda o Al Qaida, en árabe *al-Qā'ida*, «la base», es una organización islamista yihadista que dirige su lucha contra los países occidentales, especialmente Estados Unidos, mediante el terrorismo global e indiscriminado. Su fundador, líder y mayor colaborador fue o es Osama bin Laden, un multimillonario del petróleo de origen saudí, quien fue inicialmente reclutado para gestionar financieramente las operaciones de la CIA estadounidense llevadas a cabo en Afganistán. Las acciones de estos combatientes extremistas se extienden en regiones tan diversas como Afganistán (contra la ocupación de la URSS) o la extinta Yugoslavia (para detener el genocidio musulmán en Bosnia y Herzegovina).

Intifada, en árabe, «agitación», «levantamiento», no es en realidad una organización, sino el nombre popular de dos campañas violentas de los palestinos de Cisjordania y la franja de Gaza contra el régimen de ocupación de Israel. Es uno de los aspectos más importantes de los últimos años del conflicto israelí-palestino. Ambas Intifadas se iniciaron como campañas de resistencia civil de los palestinos y fueron intensificándose con atentados terroristas, seguidos de represalias israelíes. La primera empezó en 1987 con la célebre «Guerra de las piedras» y terminó en 1993. La segunda o «Intifada de al-Aqsa» se inició en septiembre de 2000 y acabó oficialmente en febrero de 2005.

Jihad, en árabe, «lucha», tampoco es una organización, sino la designación genérica de las acciones árabes para restablecer la fe, preferentemente mediante las armas. Es identificada habitualmente con la guerra santa: *al-jihad fi sabil Allah*, «lucha por Dios». Una persona involucrada en la jihad es un *mujahid*, cuyo plural es *mujahidines*.

El Mossad, cuyo nombre es la forma abreviada de *Hamosad Lemodi'ín Uletafkidim Meyujadim*, «Instituto de Inteligencia y Operaciones Especiales», es una de las agencias de inteligencia de Israel, responsable de la recopilación de información de inteligencia, acción encubierta, espionaje y contraterrorismo, cuyo ámbito de actuación llega a todo el mundo fuera de los límites del país. Fue formado en abril de 1951 a partir del Instituto Central de Coordinación y el Instituto Central de Inteligencia y Seguridad. Depende directamente del primer ministro y no usa rangos militares, aunque buena parte de su personal ha prestado servicio en algún momento en las Fuerzas Armadas, como parte del sistema de conscripción obligatoria de Israel, y muchos de ellos son oficiales.

El Shabak, acrónimo de *Sherut Bitachon Klali*, «Servicio de Seguridad General», antes conocido como el Shin Bet o GSS, es decir, «servicio de seguridad general» por sus siglas en inglés, es el servicio de inteligencia y seguridad general interior de Israel. Su lema es «Defensor/protector invisible». Fue fundado como una rama de la inteligencia interna de las Fuerzas de Defensa Israelíes.

El *Agaf HaModiin*, «Aman» o «Directorio de Inteligencia Militar», es un servicio israelí de inteligencia militar creado en 1950. Aunque es un servicio militar independiente de las fuerzas militares propiamente dichas, se ocupa de la seguridad del ejército israelí.

El *Tsva Hahagana LeYisrael*, Tzáhal o Tsahal, son las Fuerzas de Defensa Israelíes. Es un cuerpo muy selecto y audaz que ha demostrado su eficacia en los conflictos en el Próximo Oriente. Cuenta con tres armas: la Fuerza Aérea (*Heyl Ha'Avir*), la más avanzada de la región, una pequeña Marina de Guerra (*Heyl Ha'Yam*) y la Fuerza de Tierra, compuesta por infantería, acorazados, ingenieros de combate, logística e inteligencia, en la que sirven conjuntamente soldados profesionales junto a reservistas y reclutas que cumplen su servicio militar, además de la Guardia de Fronteras (conocida como *Magav* o *Mishmar HaGbull*).

Fue creado en 1948 después de la fundación del Estado de Israel «para proteger a los habitantes de Israel y luchar contra todas las formas de terrorismo que amenazan su vida cotidiana».

6. Vocabulario judío-sionista

Adjut Haabodá	«Unidad Obrera», partido muy mayoritario de los colonos judíos.
aggadah	Conjunto de materiales históricos, literarios y legendarios que guían la existencia.
al-Fatah	*Véase* Fatah. (Voz árabe).
alliyah	Subida, al menos una vez en la vida en forma de peregrinación, al Monte Santo *(Moriah)*, lugar donde se alojaba el templo, partiendo incluso de distancias muy grandes.
am ha-aretz	Pecadores, gente de la tierra, de manos impuras. Por ello estaban excluidos de todo oficio religioso, verbigracia, colaborar en la construcción del templo.
Amoraita	El que interpreta la ley.
Apocalypsis	Revelación, poner al descubierto lo que está oculto. San Juan la tomó para su libro. (Voz griega).
Aron ha-brit	Arca de la Alianza *(aron,* «cofre», «armario»).
Ateret Cohanim	«La Corona de los Sacerdotes». Organización extremista judía que planea reconstruir el templo sobre las ruinas de la Cúpula de la Roca.
Avodá	Acrónimo invertido en árabe de «Movimiento de Liberación de Palestina», *hárakat tahrīr*

	filastīn. También *Mifleget HaAvoda HaYisraelit*, conocido en Israel como Avodá, partido de centro-izquierda, social, democrático y sionista.
avodah	Servicio, adoración del templo.
barak	(Dios) bendice.
basidim rishonim	Primeros pietistas, movimiento piadoso de carácter místico.
bat	Antigua medida de capacidad que equivale a unos 40 litros.
baté midrash	Casas de estudio *(véase midrash)*.
beni ha-golá	Población retornada del exilio, esto es, hijo o comunidad, en contraposición a la *am ha-aretz*.
berith	Alianza o pacto entre Dios y su pueblo de Israel. Concepto fundamental en la religión judía, por la que los judíos se consideran el pueblo elegido de Dios. Este les exige la obediencia a sus leyes y a cambio les brinda su protección, su bendición y una tierra.
bet ha-nesset	«Casa de la reunión» o sinagoga; aplicable tanto a la comunidad local judía como al lugar en que esta se reunía. Su importancia creció tras la destrucción del templo en el año 70.
bet hedin	Tribunal de justicia.
binah	«Entendimiento», tercer *sefirot* de la cábala.
cabal ha-golá	*Véase* beni ha-golá.
Codasim	«Santidades». Quinto orden de la *mishnah*, que se ocupa del servicio del templo.
cohanim	Casta sacerdotal, de los *cohen*.
cohen	Sacerdote miembro de la tribu de los levitas, encargado en exclusiva de las cuestiones del culto.

Cohen Gadol	El Sumo Sacerdote que presidía el *sanhedrín*. Por influencia romana es llamado en ocasiones Sumo Pontífice.
daat	«Saber», impregnación de la cábala.
debir	Santísimo o Sanctasanctórum del templo.
eretz	«La tierra», concepto fundamental en la religión judía; resultado de la voluntad de Dios en el *berith*.
esenios	Uno de los grupos judíos de convivencia caracterizados por su forma de vida religiosa más que por ser una secta. Florecieron entre los siglos I a. de C. y I d. de C. Parecen esenios los autores de los manuscritos hallados en 1947 en una cueva del acantilado de Ain-Fesja, junto al mar Muerto.
Etzel	Antiguo nombre de *Irgun, Ha'Irgun Ha'Tsvai Ha'Leumi B'Eretz Yisrael*. Organización paramilitar nacional de Israel considerada como terrorista por los británicos.
even shettiyah	Saliente rocoso situado bajo la Cúpula de la Roca e identificado con diversos lugares bíblicos, como el monte Moriah, el lugar del interrogatorio de Jesús, etc.
Fatah	Organización política y militar palestina, fundada en 1958 por Yasser Arafat. Constituye un componente principal de la *Organización para la Liberación de Palestina (OLP)*, que se creó en 1964.
FPLP	Frente Popular por la Liberación de Palestina (en árabe, *Al-Ŷabha Aš-Šabiyya li-Taḥrīr Filasṭīn*) es una organización terrorista palestina de carácter marxista-leninista, secular y nacionalista fundada en 1967 por George Habash,

	también creador del Movimiento Nacionalista Árabe. Es más extremista que la OLP, de la que fue siempre rival.
galut	La diáspora, sentimiento de todos los judíos alejados de su patria natural, Judea y Jerusalén. Pero, paradójicamente, la dispersión del pueblo judío es muy anterior a su aniquilación por Roma; la primera fue en realidad debida a los asirios, que concluyó con la difusión de parte del pueblo.
garifim	Patrullas de vigilancia de la *Haganá*.
gehenna	Destrucción y fuego en el torrente al sur de Jerusalén, donde se vertían todos los desperdicios.
gematría	Técnica de interpretación de los textos sagrados consistente en la exploración de los valores numéricos de las letras.
Gerousia	Consejo de ancianos, *Sanhedrín*. (Voz griega).
gevurah	«Severidad, fuerza»; es el quinto *sefirot* de la cábala.
Gran Sanhedrín	Consejo de setenta y dos ancianos de Jerusalén, que se ocupaba de los asuntos que afectaban al pueblo de Israel. Sus funciones y poder variaron bastante a lo largo del tiempo.
guemará	«Complemento» de la *Mishnah* obtenido mediante debates y explicaciones.
ha-knesset	Consejo de ancianos encargado de evitar el retorno a la idolatría y garantizar el cumplimiento de la ley.
ha-knesset ha-Guedolá	Gran Asamblea abierta.
Haganah	«Defensa». Organización paramilitar clandestina de defensa de las comunidades judías

Vocabulario judío-sionista

	establecidas en Palestina contra las incursiones árabes, después contra las revueltas de 1920, 1921 y 1922 y finalmente contra la revuelta palestina de 1936. En 1948 se integró en el *Tsahal*.
hakhanim	Sabios similares a los *rabís*.
Hakótel Hama'araví	Muro de las Lamentaciones, literalmente, «muro occidental», por estar situado en ese lado de la explanada de las Mezquitas.
Halakhah	Tradición, ley oral, modo de cumplir la voluntad de Dios.
halakhot	Recopilaciones de ley oral. Admitía diferencias de costumbres entre Judea, Galilea y Perea, aunque con un núcleo invariable simbolizado en el templo.
Hamás	«Fervor» y también acrónimo de *Harakat al-Muqáwama al-Islamiya*, «Movimiento de Resistencia Islámico». Organización nacionalista islamista sunní palestina que tiene como objeto el establecimiento de un Estado islámico en la región histórica de Palestina con capital en Jerusalén. Su vía de acción principal es el terrorismo.
Hannukah	«Dedicación». Fiesta de ocho días porque según la tradición talmúdica el aceite hallado en el templo al ser rescatado este por los Macabeos, suficiente para un día, prolongó su duración milagrosamente hasta ocho.
Hanukiah	También llamado *Hannukah Menorah*, candelabro de nueve brazos utilizado en la celebración de la *Hannukah*.
haredi	Judíos ortodoxos más fundamentalistas.
hassidim	Movimiento religioso riguroso; fuente del fariseísmo.

haverim	Grupos piadosos, especialmente entre los fariseos.
hebher	Comunidad, especialmente de judíos.
heikhal	Templo-palacio, lugar santo, donde Dios tiene su morada terrena. Materializado en el Tabernáculo y después en el templo, especialmente el Santo, dependencia ante el Sanctasanctórum.
Herut	«Libertad». El partido político de derechas más importante de Israel hasta su fusión con el *Likud* en 1940. No debe ser confundido con *Herut*, el Movimiento Nacional, una escisión del Likud en 1998.
hesed	«Misericordia, grandeza». Cuarto *sefirot* de la cábala.
Hezbollah	«Partido de Dios». Movimiento de resistencia islámico basado en una mezcla ideológica, social, religiosa y política, fundado a principios de los años ochenta.
hikhmah	«Sabiduría». Segundo *sefirot* de la cábala.
Histadrut	Organización sindical judía única; controlaba la *Haganá*.
hod	«Reverberación, gloria». Octavo *sefirot* de la cábala.
IHVH	Tetragrámaton (grupo de cuatro letras) representativo de Yahvé.
IHWH	Variante de IHVH.
intifada	Conjunto de acciones populares palestinas realizadas entre 1987 y 2000, y que se iniciaron con una oleada de campañas terroristas castigadas con acciones represivas. (Voz árabe: «agitación, levantamiento»).

Irgún	Acrónimo de *Irgun Zevai Leumi*, «Organización Militar Nacional». Organización paramilitar sionista, escisión de la *Haganá*, que operó durante el Mandato Británico de Palestina entre 1930 y 1940. El Irgún fue considerado organización terrorista por parte de los británicos ya en los años treinta del siglo XX.
jai	Vida.
jajanim	Sabios que enseñaban la *Torah* desvelando sus arcanos y mostrando el mejor medio de cumplir los preceptos; adquirieron un extraordinario relieve.
Jehová	Interpretación de IHVH, nombre de Dios, con las vocales de *Adonay*, «Señor».
jihad	Lucha de los musulmanes contra los infieles para establecer la religión. Identificada habitualmente con la guerra santa. (Voz árabe).
Judenrat	Consejo directivo de un gueto formado por las personas de más prestigio y siempre dependiente de los nazis. (Voz alemana).
Kadima	*Qādīmāh*, «Adelante». Nuevo partido político israelí de ideología centrista. Fue fundado por el primer ministro Ariel Sharon después de abandonar el derechista *Likud*, en 2005, y consiguió rápidamente el poder.
Kadosh Kadoshim	Sanctasanctórum del templo de Jerusalén.
kapar	«Expiar por medio de un sustituto», es decir, ofrecer un sacrificio.
kapporet	Propiciatorio, tapa del Arca de la Alianza.
keter	«Corona». Primer *sefirot* de la cábala.
Ketuvim	Libros del Antiguo Testamento que contienen la Memoria de Israel.

kibutz	«Agrupación». Comuna agrícola israelí. Aunque existen empresas colectivas en otros países, en ninguno de ellos las comunas voluntarias han desempeñado el importante papel que los *kibutz* han supuesto en Israel; de hecho, fueron esenciales para la creación del Estado en unos momentos en que la explotación agrícola individual no era rentable. Su plural es *kibutzim*.
Kinneret	Mar de Galilea.
kipá	Gorro con que los varones cubren su cabeza en determinadas fiestas.
kittim	Romanos.
knéset	Sinagoga (a través del arameo *kinistu*).
Knéset	«Asamblea». Parlamento de Israel, compuesto por una única cámara de 120 escaños elegidos en circunscripción única. La palabra es una extensión de *knéset*, «sinagoga».
Lehi	*Lohamei Herut Israel*, «Luchadores por la Libertad de Israel», grupo armado sionista que operó clandestinamente durante el Mandato Británico de Palestina entre 1940 y 1948, dedicándose exclusivamente a la lucha contra Gran Bretaña. Su objetivo principal era expulsar a los británicos de Palestina para permitir la libre llegada de los judíos al país (*aliá*) y crear un Estado judío.
Leji	Facción radical del *Irgún*. Acrónimo de *Lojamé Jerut Israel*, «Luchadores por la Libertad de Israel».
Likud	«Consolidación». Partido político israelí derechista. Las raíces del Likud provienen del movimiento nacionalista *Betar*, fundado por Zeev Jabotinsky, que era la principal oposición al socialista *Mapai*.

Ma'araj	Partido Laborista Unificado.
Mahdi	Redentor del Islam, figura apocalíptica similar al Mesías. (Voz árabe).
malakh	Mensajero de Dios, traducido en griego como *aggelos*, «ángel».
malakhei habbalah	Ángeles de la destrucción.
malku	Sabiduría materializada en el consejo prudente y avisado.
malkut	«Reino». Institución gobernada por un rey y rechazada inicialmente por los judíos.
malkut	«Reino». Décimo *sefirot* de la cábala.
mamlaka	*Véase* malkut.
Mapai	Antiguo nombre del *Avodá*. Siglas de *Mifleget Poalei Eretz Israel*, «Partido de los Trabajadores de la Tierra de Israel»; nació como una separación del ala moderada (no marxista) del *Poale Zion*, «Partido socialista judío ruso».
Mapam	Acrónimo de *Mifléguet Hapoalim Hameujédet*, «Partido Obrero Unificado», partido israelí de inspiración marxista.
mené mené tekel u frasib	«Todo está contado, pesado y dividido», frase escrita en la pared por una lengua de fuego, que anunciaba el final del Imperio Babilónico.
merkavah	«Carro», especialmente el de la profecía de Ezequiel (Ezeq 1,10-11).
mezah	«Eternidad», «victoria». Séptimo *sefirot* de la cábala.
mezuzá	Caja portátil en la que se introducen algunos pasajes de la Biblia.
midrash	«Sermón». Comentario acerca de un texto bíblico.

midrassim agadah	«Comentarios homiléticos», base de las homilías judías.
mikdash me at	Pequeño santuario, expresión con que Ezequiel (11,15-1) describe la sinagoga.
minhag	Tradición o grupo de tradiciones comúnmente aceptadas en el judaísmo.
Mishkan	El Arca de la Alianza.
mishná	«Repetición». Modo de transmisión de un texto de generación en generación, por el que se transmitió la *Torah* hasta su redacción escrita.
Moed	«Fiestas». Segundo orden de la *mishnah*, que se ocupa de cómo debe guardarse el *sabbath* y las diversas festividades del calendario.
moshav	«Asentamiento, población». Comunidad rural similar al *kibutz*. Tipo de comunidad rural israelí de carácter cooperativo formada por granjas agrícolas individuales y promovida por el sionismo laborista durante la segunda *aliyá* (oleada de inmigración judía).
Mossad	Forma abreviada para designar el *Hamosad Lemodi'ín Uletafkidim Meyujadim*, «Instituto de Inteligencia y Operaciones Especiales», una de las agencias de inteligencia de Israel, responsable de la recopilación de información de inteligencia, acción encubierta, espionaje y contraterrorismo, cuyo ámbito es todo el mundo.
nasi	Jefe espiritual de la comunidad religiosa palestina tras las revueltas de los años 66 y 132.
Nasim	«Mujeres». Tercer orden de la *mishnah* que se ocupa del matrimonio y de la familia.
Nesiquim	«Daños». Cuarto orden de la *mishnah* que se ocupa del derecho civil y criminal.

Neviim	Libros de los profetas en el Antiguo Testamento.
OLP	Organización para la Liberación de Palestina, *Munazzama li-Taḥrīr Filisṭīn*. Coalición de movimientos políticos que intentaron formar un Estado independiente en el área denominada históricamente como Palestina utilizando el terrorismo como método. Su principal brazo armado (hoy político) fue *Fatah*. (Voz árabe).
omer	Antigua medida de capacidad judía equivalente a 3,64 litros.
Palmaj	Acrónimo de *Plugot Májatz*, «compañías de ataque», una unidad de élite integrada a la *Haganá*.
Paraskevé	Día de la preparación, anterior al *sabbath*. (Voz griega).
pehá	Gobernador del territorio.
perushim	«Separados». Aplicado a los judíos que eran «excomulgados» por cumplir mal o no cumplir la ley.
Pesaj	Fiesta de la Pascua.
piyut	Poesía de significado litúrgico, auxiliar de los *midrassim agadah*.
politeuma	Comunidad judía provista de las instituciones necesarias para su administración (verbigracia, la de Alejandría). (Voz griega).
pulesatim	«Invasores», identificados con los «pueblos del mar» que asolaron Egipto en el siglo XII a. de C. Para los judíos eran los filisteos establecidos en la zona costera de Canaán tras ser rechazados por el faraón Ramsés III.
Qabbalah	«Tradición», referida a las enseñanzas trasmitidas por los maestros a los discípulos en las es-

	cuelas rabínicas, especialmente, las tradiciones de interpretación esotérica.
qorban	Sacrificio, especialmente el que era ofrecido en el templo.
rabbi	«Maestro» o, literalmente, «el grande». Persona de prestigio en las cosas sagradas.
rasé perec	Director de la Academia de Tiberíades donde se refugió la fe mosaica tras la destrucción del año 132.
Rosh Hashana	Año Nuevo judío.
rouach Elohim	«El espíritu de Dios», eufemismo para Yahvé recogido en Gén 1,2. Derivó hacia el Espíritu Santo.
sabbath	Séptimo día de la semana, el dedicado al Señor, que corresponde a nuestro sábado.
Sakhra	Roca sagrada sobre la que se asienta la basílica de la Cúpula de la Roca. (Voz árabe).
sanhedrín	Consejo, formado por veintitrés ancianos, presente en cada ciudad según el *Talmud*.
seder	«Orden», conjunto de normas religiosas después del incendio del templo.
sefirot	Números de gran significación en la cábala.
Shabak	*Shérūt de Bītāhōn Klālī*. Antes conocido como el *Shin Bet* o el *GSS* (Servicio de Seguridad General) por sus siglas en inglés, es el servicio de inteligencia y seguridad general interior de Israel.
shalom	«Paz», palabra usada también como saludo.
Shalosh Regalim	Festividades de peregrinación.
Shas	Partido político israelí de los sefardíes ortodoxos.

Shavuot	Fiesta de las Semanas.
shekalim	Contribuciones especiales para sufragar los gastos del sacrificio. Los fariseos las consideraban la única forma de financiación admisible, pero los saduceos admitían también prestaciones personales.
Shekinnah	Presencia divina de Dios, localizada en el Sanctasanctórum del Tabernáculo y del templo.
Shem ha-Meforash	El inefable nombre de Dios.
shemá	Oración a Yahvé: «Escucha, Israel; el Señor es nuestro Dios, el Señor es único».
Shin Bet	Servicio de Seguridad Interior israelí.
shofar	Cuerno vaciado que se hace sonar en determinadas solemnidades.
soferim	Escribas que transmitían la ley.
Sojnut	«Agencia judía», representante de la comunidad judía palestina, encargada entre otras cosas de facilitar la inmigración a Israel.
sophetim	Caudillos carismáticos surgidos en Israel en los tiempos de especial peligro en la lucha contra los filisteos y otros vecinos. Traducido, quizás inadecuadamente, como «jueces».
Soreg	Gran estructura de piedra en la que se hallaba el templo de Herodes.
Sukot	Fiesta de los Tabernáculos.
talit	Pañuelo, chal, de cuatro esquinas para cubrir la cabeza.
Talmud	Obra que recoge las discusiones rabínicas sobre leyes judías, tradiciones, costumbres, leyendas e historias.

Tanaká	Formado por las iniciales de la *Torah*, los *Neviim* y los *Ketuvim*. Libros sagrados, llamados por los cristianos Antiguo Testamento.
tannaita	Maestro, el que estudia y enseña.
tefilín	Filacteria, tiras en las que se escriben determinados pasajes de los libros santos; se llevan enrolladas en los brazos y la cabeza.
temurah	Técnica de interpretación de los textos sagrados consistente en la exploración de sus distintos significados cambiando el orden de las letras.
tiferet	«Belleza». Sexto *sefirot* de la cábala.
toevah	Abominación, ofensa a la religión para incurrir en la idolatría.
Tohorot	«Pureza». Sexto orden de la *mishnah*, que se ocupa de las leyes de pureza ritual.
Torah	Libros que forman lo que los cristianos denominan el Pentateuco. Aunque es traducida como la «Ley», en realidad comprende mucho más, pues se extiende a otros conceptos, como enseñanza, instrucción, guía, etc. Su redacción se atribuye a Moisés.
Tsahal	Acrónimo de *Tsva Haganah Le-Israel*, «Fuerzas Armadas de Israel», fundadas en 1948 para sustituir otros cuerpos armados anteriores, como la *Haganah*.
Ulam	Pórtico de entrada al templo de Salomón.
Yahvé	Interpretación vocalizada de IHVH, nombre de Dios.
Yeretz Yisrael	La patria, la tierra de Israel que el pueblo siente como propia y a la que cree tener derecho no en virtud de conquista o autoctonía, sino por

	ser regalo de Yahvé como parte de su pacto con Israel.
yesod	«Fundamento». Noveno *sefirot* de la cábala.
yetziat mitzrayim	El Éxodo judío de Egipto a la tierra prometida, factor muy importante en la formación de la conciencia religiosa de Israel.
yiddish	Forma de hebreo hablada entre los judíos asquenazis.
yisub	Comunidad judía con ciertas facultades para su propia administración.
Yom Kipur	«Día del perdón». Esta festividad es considerada como la más santa y solemne del año. Su tema central es la expiación y la reconciliación, y en ella culminan los diez días anteriores, considerados de arrepentimiento.
zelotes	Grupo patriótico maximalista fundado por Judas de Gamala, llamado *el Galileo*. Responsables de la insurrección del año 66.
Zeraim	«Semillas». Primer orden de la *mishnah*, que se ocupa de la agricultura.
Zohar	Principal texto de la cábala.
zugot	Pareja, especialmente cada una de las cinco patricias en tiempo de los Macabeos.

7. El análisis arqueológico moderno

En ningún lugar es tan difícil verificar de forma fehaciente la concordancia entre los datos legendarios, históricos y arqueológicos como en Israel. ¿Hasta qué punto son creíbles los libros sagrados?, ¿hasta qué punto reflejan una realidad histórica distinta de los simples mitos? Cuanto más alejados están en el tiempo, más difíciles de verificar son los datos. ¿Hubo tal huida de Egipto o simplemente la historia de José y sus hermanos refleja unas migraciones anteriores o ni siquiera esto?, ¿existió la lucha contra los cananeos, primitivos pobladores de la tierra prometida, o esta es la concreción mitológica de la progresiva imposición de alguno de los pueblos del área, el judío, sobre los demás? La arqueología se limita, por ahora, a constatar la existencia de esos pueblos, pero nada nos dice sobre las luchas entre ellos.

Incluso, a nivel ya totalmente histórico, persiste la indefinición. El hallazgo de datos objetivos es especialmente difícil por la existencia de falsificaciones destinadas a satisfacer los deseos de los que buscan confirmaciones históricas en la Biblia. Como antaño ocurriera con los cruzados en Tierra Santa, siguen apareciendo falsos testimonios de las épocas judía o cristiana, pero ahora con un enorme grado de sofisticación.

Expondremos algunos de los ejemplos más significativos de estas vicisitudes registrados en los últimos tiempos. Uno cristiano y otro anterior.

La supuesta tabla del rey Joás y la urna de Jacobo

En julio de 2001 fue ofrecida al Museo de Israel una tabla, pronto llamada «tabla del rey Joás» o «tabla del rey Salomón», que contenía inscripciones en hebreo antiguo y escritura fenicia. Trataba de las reparaciones encargadas para el templo del citado rey por uno de sus sucesores, el rey Joás, del reino del sur (Judá), lo que indirectamente casi duplicaba los fragmentos disponibles de Reyes II y probaba la existencia real del citado templo más allá de la Biblia. Repitamos que las únicas referencias a dicho templo se hallan en el texto sagrado, puesto siempre en duda por los escépticos que no ven más que la concreción de una serie de historias de la época recopiladas varios siglos después de la muerte del célebre rey (siglo X a. de C.).

La tabla fue sometida a complejos análisis por el Centro de Estudios Geológicos de Israel. Se examinó especialmente la pátina que cubría la piedra y las partículas de carbón adheridas a las inscripciones, todo lo cual arrojaba una antigüedad de unos 2800 años. En enero de 2003 la tabla fue declarada oficialmente como auténtica.

De todos modos, el personaje que había ofrecido la tabla, para cuyo precio se barajaban cifras que se movían entre los 3 y los 10 millones de dólares, había desaparecido de repente.

Una intensa búsqueda detectivesca condujo hasta el coleccionista Oded Golán, quien afirmó ser sólo un intermediario y que el objeto buscado estaba en poder de alguien ilocalizable en aquel momento.

Unos meses antes, en el año 2002, el mundo científico judío se hizo eco de otro espectacular hallazgo arqueológico. La ciudad de Silwan, situada al sur de Jerusalén, ha sido escenario del hallazgo de numerosas arcas con restos óseos que parecen con frecuencia pertenecientes al siglo I. Los subsuelos de las actuales casas han sido objeto, en décadas recientes, de expolios realizados por ladrones de tumbas, que vendían el fruto de sus rapiñas (recipientes de loza, lámparas, osarios y otros objetos) a arqueólogos más o menos aficionados. El presunto comprador de una de esas arcas, judío, afirmó haberla mantenido en su poder más de veinte años sin percatarse del sentido de su inscripción hasta que invitó a André Lemaire, un prestigioso estudioso de textos antiguos, a que la examinara.

La urna, de un tamaño de 50 × 25 × 30 cm, adecuado para contener el hueso más largo del cuerpo, el fémur, estaba ya desprovista de los restos que en su día contuvo y era similar a las habituales de la época, pero mostraba una importante inscripción: «Jacobo, hijo de José, hermano de Jesús». El propietario de la urna conocía su existencia, aunque nunca le había dado una importancia especial («No sabía que Jesús tuviera hermanos», declaró). Pero Lemaire la relacionó inmediatamente con los textos evangélicos e inició una investigación en toda regla sobre ella.

A principios de noviembre de 2002, estudiada concienzudamente la urna por un equipo de geólogos y arqueólogos a fin de evitar toda posibilidad de error o falsificación, fue notificado el hallazgo en Washington por la prestigiosa *Biblical Archaeology Review*, y los periódicos de todo el mundo dieron cuenta del descubrimiento. En particular, la revista *Time* de noviembre de 2002 le dedicó un pormenorizado estudio.

En principio, todos los expertos que la examinaron se decantaron por afirmar su autenticidad. Su datación se situaba entre los años 20 y 70, atendiendo a su estilo y al tipo de urna utilizada en ese periodo (el año aceptado del martirio de Jacobo es el 62). Lemaire, especialista en escritura aramea, pretendió afinar más todavía, basándose en las características del estilo de la escritura cursiva, desarrollado sólo entre los años 25 y 100. Lemaire sostuvo como que era muy probable que el personaje fuera el evangélico, y extraoficialmente se atrevió a dar a la probabilidad un valor del orden del 90%.

Sin embargo, unos meses después del suceso diversas comisiones de estudios bíblicos declararon insuficientes las pruebas para concluir que el osario se refería a Jacobo, el hermano de Jesús. Con esto las investigaciones llegaron a un punto muerto. Sin embargo, investigando, poco después, en torno a las personas involucradas en el tema, se hizo otro espectacular descubrimiento: de nuevo el nombre de Golán aparecía asociado a este «hallazgo». Esa coincidencia animó a emprender una nueva investigación más detallada de la tabla.

En ese proceso los investigadores hallaron una incoherencia gramatical en el texto de la tabla. De acuerdo con este indicio fue encargado un registro en casa de Golán que dio como resultado el hallazgo de la pieza. Se encargó una investigación al profesor Yuval Goren, quien descubrió singulares contrasentidos en la tabla, como la presencia de foraminíferos en la cara posterior, que indicaban un origen marino incompatible con la situación del templo de Salomón. Más aún: el examen microscópico de las inscripciones reveló huellas de un instrumento de corte moderno e incluso el espectrógrafo de masas descubrió, por la distribución de los elementos químicos de la tabla, la temperatura a la cual estos se habían formado. Todo ello la hacía incompatible con la supuesta antigüedad atribuida.

Golán fue detenido (posteriormente liberado, todavía el juicio se halla en curso), y la tabla declarada oficialmente una falsificación, al igual que el osario.

Pero hay más. En un taller propiedad de Golán aparecieron docenas de instrumentos y objetos en curso de elaboración, todos ellos logradas falsificaciones. Esto ha abierto una dura incógnita: ¿cuántos objetos falsos similares están hoy distribuidos por los museos de todo el mundo?

El templo de Elefantina

Se decía que el Arca había salido del templo durante el reinado del tristemente célebre rey Manasés (687-638 a. de C.), y que poco antes de su llegada a Etiopía los sacerdotes la habían trasladado a la isla de Elefantina, en el Nilo, cerca de Siene (hoy Asuán), justo después de la primera catarata. Allí se había construido un templo, en rigor el segundo, que existió durante los siglos VI-V a. de C., réplica casi exacta del de Jerusalén.

No se conoce su forma, pero por algunos indicios se supone que era una copia de este.

Tenía un tejado de cedro y estaba orientado hacia Jerusalén. Durante varios siglos fue un centro de liturgia judía presidido por sacerdotes judíos. Fue destruido en 404 (o 414 a. de C.).

Las tribus perdidas y el Arca

En los últimos años ha crecido el interés por las «tribus perdidas» y todo un repertorio de instrumentos lingüísticos, paleontológicos, de historia comparada e incluso biológicos han sido desplegados para averiguar algo sobre esas tribus del reino del norte que parecieron disolverse con la conquista asiria. El hecho ha sido relacionado con la desaparición del Arca, que pudo estar ligada a alguna de estas tribus. Los resultados son de la suficiente importancia como para merecer un análisis con cierto detalle.

Los lembas

La tribu de los lembas, integrada por unas cuarenta mil personas de raza negra desperdigadas por diversos enclaves entre Sudáfrica y Zimbabue, es el caso más intrigante. No se distinguen de sus vecinos ni por su tipología ni por su lengua, pero poseen unas curiosas costumbres y unas leyendas que recuerdan extrañamente a las de los judíos de la *Torah*. No se casan con miembros de otras tribus, circuncidan a sus jóvenes, practican el sacrificio ritual de animales utilizando un cuchillo especial, se abstienen de comer carne de cerdo y algunos otros animales, y realizan sacrificios en lugares altos, como los antiguos israelitas. La aparición de la luna nueva reviste una especial importancia para ellos. Los nombres de los clanes guardan una chocante semejanza con algunos de los usados por los israelitas y parecen derivar de alguna lengua semítica.

Consideran que proceden de una antigua ciudad, Senna, de nombre parecido a Sión, a la que consideran su capital perdida. Quizás esta se halle en unas ruinas en Zimbabue, en absoluto parecidas a nada similar en esta zona de África pero que pudieran haber constituido el asentamiento de un antiguo pueblo judío, procedente del norte, que, pese a haber trocado su raza en negra por efecto de matrimonios con indígenas, conservó ciertas costumbres de su lugar de procedencia.

Pero lo más curioso es que conservan el recuerdo de su arma de guerra, el mítico *ngoma*, tambor dotado de poderes sobrenaturales que se guardaba protegido tras unas vallas trenzadas, que es inevitable comparar con el Tabernáculo. Las analogías se acentúan: estaba prohibido que tocara el suelo; un grupo privilegiado lo transportaba al campo de batalla como garantía de victoria; quien se atreviera a mirarlo se exponía a volar por los aires, víctima de su formidable poder, y era custodiado, entre el mayor secreto, por un clan sacerdotal llamado los *buba*. No pueden parecerse más estos datos a los del Arca.

El profesor Tudor Parfitt, gran investigador de la historia judía, se hizo una intrigante pregunta: ¿no sería el *ngoma* la misma Arca? A fin de cuentas, la descripción de esta fue hecha varios siglos después de su desaparición, y su relato, que refleja contradicciones entre unos libros y otros, pudo haberse magnificado. Fantaseando, Parfitt llegó a plantearse si el Arca no sería en realidad un primitivo depósito lleno de sustancias explosivas (una rudimentaria pólvora, a modo del «fuego griego»... ¡o incluso una especie de «pila cósmica»; en definitiva, el equivalente para la época a un «arma de destrucción masiva»).

Parfitt sufrió una sorprendente carrera de peripecias que revela con detalle en su libro *El Arca de la Alianza*, y llegó incluso a encontrar, según él, el ejemplar de *ngoma* más antiguo, olvidado en un rincón del almacén del Museo de Ciencias Humanas de Harare. Se trataba de un rudimentario caldero de madera con adornos trenzados en su superficie, cuya forma y funciones pudieron haberse mitificado con el tiempo.

De todos modos, el análisis por radiocarbono lo fechó en el año 1350, con lo que las dudas persisten. ¿Se trataría de una copia de otra anterior? En todo caso, ahí terminaba una fructífera línea de investigación.

Por el momento sólo se trataba de una curiosa hipótesis, pero esta salió reforzada en cuanto se analizó el ADN de un grupo significativo de individuos lembas. Los judíos se casan entre sí y la casta se trasmite entre varones, por lo que el cromosoma Y, característico del sexo masculino, se conserva. Un porcentaje elevado de hombres lembas llevan en su cromosoma masculino un juego de sucesiones de ADN que es distintivo de los *cohanim*, los sacerdotes judíos considerados descendientes de Aarón. Esta firma genética es particularmente común entre los hombres lembas que pertenecen a uno de los 12 clanes lembas, el conocido como el clan de Buba.

El profesor Parfitt ha llegado más lejos y dice haber localizado en Yemen la antigua población de Senna. ¿Está en lo cierto? Desde luego lo que es innegable es la existencia de rama judía en ese país, que fue trasladada en los años cincuenta a Israel en busca de mayor seguridad. Pero lo más curioso es que los clanes de esta área del Yemen tienen gran número de nombres idénticos a los de los clanes de los lembas.

Los judíos de Yemen

Otra comunidad también racialmente evolucionada, pero consciente de su religión y su procedencia, es la de los judíos de Yemen, afincados en este país desde tiempo inmemorial, y cuya existencia, ya de sí tradicionalmente difícil, devino insostenible en cuanto surgió el moderno Estado de Israel. Para contrarrestar la animosidad de los árabes de la zona, los perseguidos judíos habían creado hasta falsificaciones que trataban de demostrar importantes relaciones entre el judaísmo y el islamismo.

De hecho, en el siglo v los judíos llegaron a constituir allí una comunidad independiente, la única de ese tipo en la Tierra, por lo que era inevitable la aparición de leyendas árabes que los relacionaran con el arca. Todas enlazaban con una supuesta salvación de esta por el profeta Jeremías antes de la destrucción del templo por los babilonios. Incluso se concertaba a las tribus de Jurhum, en el noroeste de Arabia. Desde allí habría salido hacia La Meca. Otras leyendas afirmaban que un encuentro entre árabes e israelitas, en el que estos habían intentado utilizar de nuevo el poder mágico del Arca, se saldó con la derrota judía, y que desde entonces el arca se hallaba en manos árabes. Inevitablemente, docenas de cuevas en los alrededores de La Meca siguen siendo candidatas a ser el actual escondrijo.

La introducción del judaísmo en Yemen es incierta y objeto de algunas leyendas: unos la atribuyen a la destrucción del templo; otros la remontan hasta el mismo Moisés. Está comprobado que antes de la aparición del Islam, en el siglo VII, existieron en Arabia poderosas tribus judías que llegaron a dominar sobre otras, y que un número considerable de no judíos se convirtió a la fe judaica. Las esperanzas de Mahoma de convertirlos al Islam no se cumplieron y esto provocó el deterioro de su relación con ellos. El resultado fue que las tribus acabaron siendo gradualmente expulsadas de Medina y se les exigió el pago de tributos especiales por el privilegio de vivir entre musulmanes, norma seguida luego en todos los países de gobierno islámico. De acuerdo con la enseñanza musulmana, la inferioridad civil de los judíos fue recogida en la ley.

Los judíos yemeníes eran objeto de una marginación social importante: no podían usar colores brillantes o medias, les estaba prohibido llevar armas o usar sillas de montar, los niños judíos que quedasen huérfanos debían convertirse al islamismo; tampoco podían realizar las mismas labores que los musulmanes y muchos de ellos trabajaban la plata y el oro, dado que esto les era vedado a los seguidores del Islam.

Uno de los resultados de esta persecución fue que los judíos de Yemen se conservaron étnicamente separados y mantuvieron sus costumbres peculiares. Su singular pronunciación del hebreo y sus prácticas rituales son materia de minuciosas investigaciones en el moderno Israel, dado que permanecieron aparentemente intactas durante más de 2000 años. Se espera que esos estudios arrojen luz sobre la antigüedad del idioma y la cultura hebreos.

Entre 1950 y 1959 Israel organizó la operación «Alas de Águila», inspirada en el versículo de Éx 19,4: «Cómo los traje con alas de águila», más popularmente conocido como «Alfombra Mágica».

Tras una intensa presión política, el Imán de Yemen dejaba salir a los 45 000 judíos que vivían en su país y que llegaron a Israel en 380 vuelos.

La operación se mantuvo en secreto y sólo se mostró a los medios de comunicación varios meses después de haberse completado.

Los falashas

En Etiopía existía la comunidad judía falasha, que se consideraba a sí misma descendiente de la fabulosa reina de Saba que visitó a Salomón. Fruto de los amores de este con Balkis fue el hijo Menelik. Según los etíopes, cuando este volvió a la corte de su ilustre padre, su séquito estaba tan alterado por tener que dejar el Arca que decidieron robarla, dejando en su lugar una réplica. Entonces el ángel del Señor se apareció a Azarías, hijo del sumo sacerdote Zadok, y conspiró para robar el Arca y fabricar su réplica.

En el viaje de regreso a Etiopía, Menelik y sus seguidores fueron guiados, junto con el trofeo robado, por el arcángel Miguel, que les facilitó el viaje. Según la epopeya nacional etíope, el *Kabra Negast*, la caravana avanzaba flotando y el Arca levitaba sobre el suelo más de un codo.

La tradición continuó a lo largo de los siglos. El libro *Iglesias y monasterios de Egipto*, del armenio Abu Salih, editado en 1895, incluye el ceremonial que en el siglo XIII, en la época de San Lilibela, uno de los reyes más grandes de Etiopía, se seguía al respecto:

> Los abisinios poseen también el Arca de la Alianza, en la que se encuentran dos tablas de piedra grabadas por el dedo de Dios con los Diez Mandamientos que dejó a los hijos de Israel. El Arca de la Alianza se sitúa sobre el altar, pero no es tan alta como este, sólo llega a la altura de la rodilla de un

hombre y está revestida de oro. Sobre la tapa hay varias cruces de oro y cinco piedras preciosas, una en cada esquina y otra en el centro. La liturgia del Arca se celebra cuatro veces al año dentro del palacio del rey, y cuando es sacada de la iglesia para llevarla a la capilla de aquel, es cubierta con un palio y atendida por un gran número de israelitas, descendientes de la familia del profeta David, que tienen la tez blanca y el pelo rojo.

¿Cuál es el verdadero origen de los falashas? Se supone que proceden de una tribu africana convertida al judaísmo en un periodo mucho más reciente de lo que ellos se atribuyen. En todo caso nunca recibieron el *Talmud* y su religión es bíblica, pero combinada con ritos locales, como una especie de circuncisión femenina. Las crónicas etíopes de los siglos XIV y XVII hablan de luchas contra reyezuelos etíopes, tras las cuales, derrotados, fueron forzados a aceptar el cristianismo, si bien consiguieron recobrar su independencia en periodos posteriores.

Los judíos de Sudán

También en Sudán subsistió aislada durante siglos una rama judía que al paso de los años vio cómo su existencia se hacía más y más difícil: eran confinados en insalubres campos de refugiados situados junto a la frontera. La «Operación Moisés», realizada por el Mossad, sirvió para evacuar a estos aterrorizados habitantes hacia Israel. En 1984 unos 8000 judíos etíopes fueron trasladados a Israel, a los que se sumaron unos 1400 más en 1991. Ambas operaciones fueron realizadas mediante traslados aéreos y en secreto.

Otras comunidades judías

Históricamente aún se han registrado otras comunidades judías periféricas, de las que su origen es un apasionante enigma que seguramente tardará en ser descifrado por los estudiosos e investigadores. En China hubo asentamientos judíos tanto en la costa como en el interior. El de Kaifeng ha existido hasta hace relativamente poco tiempo, pero el resto había desaparecido a causa de persecuciones o por la simple asimilación por la cultura local, siempre tolerante e impregnada de confucianismo. Las crónicas de Kaifeng presentan a esta comunidad en el siglo XVI con diversas ocupaciones, que incluían el comercio, la agricultura y el ejército. Su religión había adoptado bastantes ritos confucianistas, lo que no les impidió ser absorbidos por la cultura dominante. En la India, el sincretismo religioso del hinduismo se combinaba con la segregación racial del sistema de castas, que paradójicamente les permitía sobrevivir, aunque adoptando diversas creencias y prácticas de aquel. Igual que en el caso chino, también aquí acabaron siendo asimilados.

Índice

Introducción	7
Nota importante	12
El pueblo elegido	15
El primer éxodo	27
Los precedentes del templo	35
David y sus sucesores	47
El templo de Salomón	55
El pueblo judío hasta el segundo templo	73
Después de la hecatombe	97
La Edad Media	105
El nuevo Israel	125
¿Dónde estuvo el templo?	133
El templo y la cábala	139
La Jerusalén celestial	153
El templo más allá del mundo judío	163

Apéndices

1. Referencias	179
2. Nociones de cábala y gematría	183
3. Simbología judía	193
4. La política en el Israel moderno	201
5. Organizaciones en el conflicto árabe-israelí	205
6. Vocabulario judío-sionista	209
7. El análisis arqueológico moderno	225

www.ingramcontent.com/pod-product-compliance
Lightning Source LLC
Chambersburg PA
CBHW081159230426
43666CB00016B/2860